KNUT CORDSEN
DIE WELTVERBESSERER

KNUT CORDSEN

DIE WELTVERBESSERER

Wie viel Aktivismus verträgt unsere Gesellschaft?

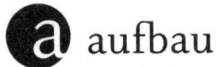 aufbau

ISBN 978-3-351-03986-8

Aufbau ist eine Marke der Aufbau Verlage GmbH & Co. KG

1. Auflage 2022
© Aufbau Verlage GmbH & Co. KG, Berlin 2022
© 2022, Knut Cordsen
Einbandgestaltung Anzinger und Rasp, München
Satz LVD GmbH, Berlin
Druck und Binden CPI books GmbH, Leck, Germany
Printed in Germany

www.aufbau-verlage.de

Kapitel-Übersicht

Willkommen in einer Weltära

Gerade eben noch waren es doch nur einige wenige. Als Umwelt-, Menschenrechts- und Friedensaktivisten traten sie vereinzelt in Erscheinung. Ihre Ziele waren hehr und aller Ehren wert, ob sie Bootsflüchtlinge retteten, für die Gleichberechtigung der Geschlechter, für zu Unrecht Inhaftierte, das Existenzrecht indigener Völker oder Abrüstung stritten. Sie hießen Rupert Neudeck, Petra Kelly und Rüdiger Nehberg, sie blicken so wie Alice Schwarzer, Amnesty International oder Greenpeace auf eine stolze und *grosso modo* erfolgreiche Geschichte zurück. In den 70er-, 80er-, 90er-, selbst in den sogenannten Nullerjahren noch war ihre Anzahl übersichtlich und ihre Mittel waren begrenzt. Das Verb »aktivieren« hörte man damals höchstens in der Serie »Raumschiff Enterprise«, wenn von der Kommandobrücke der Befehl an den Bordcomputer ausgegeben wurde, die Schutzschilde zu aktivieren. Heute aktivieren wir nicht allein jeden Tag den Virenschutz, Benutzerkonten oder Cookies. Wir kommen denen, die uns in welcher Angelegenheit auch immer aktivieren wollen, nicht mehr aus. Aktivisten demonstrieren, mobilisieren, emotionalisieren auf allen ihnen zur Verfügung stehenden Kanälen. Es gehört zudem mittlerweile zum guten Ton, sein gutes Tun öffentlich auszuweisen und sich entsprechend als Aktivistin oder Aktivist vorzustellen. Jeder Schauspieler, der etwas auf sich hält, inszeniert sich neuerdings ganz natürlich als Aktivist. Musiker bemühen sich auf einmal um eine aktivistische Note, Comedians ebenso. War früher »Intellektueller« ein begehrtes Adelsprädikat, wird nun auch in Autorenkreisen die Nomenklatur »Aktivist« bevorzugt. Man engagiert sich nicht nur, man ist kampagnenfähig. Man beherrscht den öffentlichen Diskurs. Der Aktivismus ist ein flächendeckendes Phänomen geworden. Auf der Straße, vor allem aber im Netz. Nicht umsonst heißt eine wichtige Internetplattform »WeAct«. Hier werden Forderungen erhoben und im Dreischritt umgesetzt: »Petition starten – Unterschriften sammeln – Politik verändern«.

Von Jean-Paul Sartre stammt der Satz, die Jugend sei das Alter des Ressentiments. Sie ist auch das Alter der Revolte. Selten ist uns das eindrucksvoller vor Augen geführt worden als bei Greta Thunbergs »How dare you?«-Rede auf dem Klimagipfel der Vereinten Nationen 2019, gerichtet an die dort in New York versammelten Staatsoberhäupter. Selten auch hat eine unlängst erst volljährig gewordene Aktivistin ein derart erlöserinnenhafter Nimbus umgeben wie die junge Schwedin, die es binnen kürzester Zeit im Verbund mit anderen vermocht hat, mit »Fridays for Future« eine weltweite Bewegung zu etablieren. Den omnipräsenten Klimaaktivisten und ihrem existenziellen Anliegen gesellen sich jede Menge anderer Aktivisten zur Seite: seien es Kunst-Aktivisten – sogenannte »Artivisten« – wie das »Zentrum für Politische Schönheit«, Bildungsaktivisten, spirituelle Aktivisten, die einen »sacred activism« verfolgen, oder auch – der Spaß soll bei alledem nicht zu kurz kommen – »Vergnügungsaktivisten«. Denn auch diese Spielart gibt es, den »pleasure activism«. Diversität hat sich der Aktivismus auf die Fahnen geschrieben, und er lebt sie auch. Tierschutz, Datenschutz und auch Heimatschutz haben jeweils eigene Aktivisten. »Strickguerilla«-Aktivisten »umgarnen« Laternenpfähle, Schilder und Poller im öffentlichen Raum als Zeichen des Protests. Was sich früher noch Sozialarbeiterin nannte, firmiert nun unter »Armutsaktivistin«. Sogar von einer »Möbelaktivistin« war schon zu lesen, die als Handwerkerin ausgedienten Hausrat aufarbeitet und umgestaltet. Um Umgestaltung geht es allen. Queere und postkoloniale Aktivisten treten für geschlechtliche Vielfalt und ein zeitgemäßes, nicht länger herrenmenschelndes Geschichtsbild ein, stürzen alte Denkmäler vom Sockel und errichten ihren Vorreitern neue Standbilder. Kippten 2020 »Black Lives Matter«-Aktivisten unter Applaus die 125 Jahre alte Statue des Sklavenhändlers und Kaufmanns Edward Colston ins Bristoler Hafenbecken, so wurde 2021 im New Yorker Greenwich Village eine Bronzebüste der schwarzen Dragqueen und Transgender-Aktivistin Marsha P. Johnson feierlich eingeweiht – im Christopher Park, nur einen Steinwurf entfernt vom »Stonewall Inn«, jener Nachtbar, in der 1969 die LGBTQ-Bewegung ihren Ausgang nahm. Der Siegeszug des Aktivismus ist mittlerweile so weit fortgeschritten, dass er vom Kapitalismus vereinnahmt wird. Anfang 2022 kam eine neue Barbie-Puppe auf den Markt: Ida B. Wells, die afroamerikanische Journalistin, Anti-Rassismus-Aktivistin und Mitbegründerin der Bürgerrechtsorganisation »National Association for the Advancement of Colored People«, wurde damit in die Reihe »inspirierender Frauen« aufgenommen, die der Spielzeughersteller Mattel neuerdings mit einer eigenen Barbie würdigt.

Keine Nachrichtensendung kommt heute mehr ohne sie oder ihn aus, keine Talkshow und kein ach so soziales Medium. Im Sommer 2021 hat sich in Hamburg gar eine »Aktivistinnen-Agentur« gegründet, betrieben, natürlich, von einer Vollblut-Aktivistin. Sie bietet Trainings an. Denn auch der Aktivist will gecoacht sein. Wenn es noch eines Beweises seiner Wirkmacht bedurft hätte, so lieferte den im Herbst 2021 das amerikanische Fernsehnetzwerk CBS. Dort wollte man ein neues Reality-TV-Format ausstrahlen unter dem Titel »The Activist«. Eine sogenannte »Challenge Show«. Darin sollten verschiedene Aktivistinnen und Aktivisten mit ihren jeweiligen gemeinnützigen Projekten gegeneinander antreten. Die Zuschauer sollten online die Bemühungen der Kandidaten beurteilen, die versuchen, »echte Veränderung in einem von drei lebenswichtigen globalen Bereichen herbeizuführen: Gesundheit, Bildung und Umwelt«. Wie nicht anders zu erwarten war, scheiterte das Projekt – am lautstarken Protest von Aktivisten, unter ihnen Naomi Klein. »Könnten sie das Geld nicht direkt an Aktivisten geben, anstatt Aktivismus in ein Spiel zu verwandeln und einen Bruchteil des benötigten Geldes in einen ›Preis‹ zu investieren? Menschen sterben«, sekundierte die Schauspielerin und feministische Aktivistin Jameela Jamil auf Twitter. Die Produzenten des obskuren televisionären Schaulaufens machten einen Rückzieher, ja mehr als das: sie machten einen Kotau und verbreiteten eine wortreiche Bitte um Entschuldigung. Es sei falsch gewesen, die ehrenwerte Arbeit der »unglaublichen« Aktivistinnen und Aktivisten derart in Konkurrenz zueinander zu setzen, der Aktivismus sei nicht kompetitiv, ihm gehe es um »Kollaboration und Kooperation«. Kurze Zeit später wurden vier verschiedene Aktivisten aus Kamerun, Russland, Kanada und Indien in Stockholm mit dem Alternativen Nobelpreis bedacht.

Die »Aktivisti«, wie sie sich gern selbst bezeichnen, verfügen nicht allein über ein enormes aufmerksamkeitsökonomisches Kapital, sie sind die Bewusstseinsgroßindustriellen unserer Tage. Dem philosophischen Zeitdiagnostiker Peter Sloterdijk mag derlei schon 2001 gedämmert haben. Er ließ damals mit der Bemerkung aufhorchen: »Man könnte sagen, eine Weltära der überwiegenden Seinspassivität geht zu Ende und eine Ära des Aktivismus beginnt ...« Diese Ära, die man mit dem in Aktivistenkreisen weitverbreiteten Pathos umstandslos eine »Weltära« taufen kann, währt indessen schon viel länger als gemeinhin angenommen. Über hundert Jahre schon, und es spricht vieles dafür, dass der Aktivismus eine deutsche Wortprägung und Idee ist. »Jede Zeit bringt ihre eigenen Schlagworte hervor«, hebt am 1. März 1918 die Erklärung eines späteren Friedensnobelpreisträgers an: »Seit Jahresfrist oder – ich weiß wirklich nicht wie lange – durchzuckt die deutsche Öffentlichkeit das Schlagwort Aktivismus, begierig aufgegriffen von der literarischen Jugend ... Was haben wir in dem Worte zu suchen? Sehnsucht nach Taten, Wille, zu wirken, Tagespolitik mit geistiger Kraft zu durchsetzen, Abkehr von intellektuellem Chinesentume. Das Losungswort einer neuen Jugend also.« So hat das Carl von Ossietzky seinerzeit in den »Monatlichen Mitteilungen des Deutschen Monistenbundes« formuliert. Sein Artikel »Ein Wort über Aktivismus« schloss in dramatischem Tremolo: »Unser Pfad ist vorgezeichnet: er führt entweder in einen Tempelbau, groß genug, ganze Völker zu umfassen – oder in den bescheidenen Raum eines Klubhauses, in dem zweimal monatlich eine kleine Sekte kannegießert.«

Der Aktivismus hat den Weg fern der Stammtische eingeschlagen, auch wenn er seit jeher nicht frei davon ist, sich in Parolen zu ergehen. Was für einen prägenden Aktivisten der ersten Stunde, den »logokratischen Aktivisten« Kurt Hiller, 1920 das »Pachulkenregime« der Mächtigen war (womit der vernunftverliebte Berliner die geistesfernen Lümmel da oben meinte), ist 2021 für den »konstruktiven Inklusionsaktivisten« Raul Krauthausen, der sich für die Rechte von Menschen mit Behinderung stark macht, »dieses kriminelle, gierige Konstrukt aus Wirtschaft und Politik«. Doch der Status des Aktivisten hat sich in den vergangenen hundert Jahren fundamental verändert. Er ist von der Randfigur zur bestimmenden Sozialfigur geworden. Während sich die frühen Aktivisten sowie jene der mittleren Generation, die studentischen Aktivisten der außerparlamentarischen 68er-Generation, noch in einer Außenseiterposition befanden, nimmt der zeitgenössische Aktivist eine zentrale Stellung innerhalb der Gesellschaft ein, was man auch daran ablesen kann, dass 2021 einige Aktivistinnen und Aktivisten als Abgeordnete in den Deutschen Bundestag eingezogen sind. Wovon Heinrich Mann als einer der ersten Aktivisten 1918 nur träumen konnte – »Gruppen der Tat sind schon da in den Städten Deutschlands, gebildet aus lauter Jugend«, schrieb er hoffnungsfroh über »Das junge Geschlecht« der Zwanzigjährigen –, ist mit »Fridays for Future« Realität geworden. Das Ziel damals wie heute ist es, mit Heinrich Manns Worten, »der ›Realpolitik‹ der Gealterten« »große Wandlung, tiefe Erneuerung«, ja »Besserung« entgegenzusetzen. Der moderne Aktivist entfacht Debatten und treibt sie voran, er wird gehört und ernst genommen. Unvermeidlich, dass er sich im Zuge seines Bedeutungszugewinns professionalisieren musste. Berufsaktivisten sind heute so selbstverständlich wie Berufspolitiker. Selbst eine Berufskrankheit hat man sich zugelegt. »Activist Burn-out« wird diagnostiziert bei jenen, die sich verausgaben im Kampf für eine bessere, gerechtere Welt. Aktivismus ist ein Full-Time-Job geworden. Um Erschöpfung und Frustration vorzubeugen, werden Seminare über »Mindful Activism« angeboten.

Da erscheint es sinnvoll, diese Jahrhundertfigur näher zu beleuchten. Angefangen bei den künstlerischen Wurzeln des Aktivismus und der vergleichsweise geringen Resonanz, unter welcher die ersten Aktivisten litten. Einige von ihnen versammelten sich 1919 zum ersten und vorläufig letzten »Gesamtdeutschen Aktivisten-Kongress« in Berlin. Schon deren kulturrevolutionär gestimmte Teilnehmer waren der Auffassung, dass ihren Gegnern einzig daran gelegen sei, »die Umwandlung der bestehenden Gesellschaftsordnung in eine vernünftige hinauszuzögern«, wie sie in ihrer abschließenden Resolution beklagten. Eine Tatsache, mit der sich Aktivisten bis heute herumplagen müssen: Die Gesellschaft, diese fürchterlich träge Masse, will ihren Forderungen nie so rasch Folge leisten wie erwünscht. Darüber hinaus begleitet den Aktivismus seit seinem Beginn der Verdacht des »Scheinaktivismus«, wie das der hellsichtige Georg Lukács schon 1934 nannte. Der Scheinaktivismus unserer Tage heißt »Slacktivism«. Schließlich kann auch der Faulenzer (»slacker«) sich und anderen bequem Aktivismus vorgaukeln – per Like, Retweet oder auch durch ein regenbogenfarbenes Profilbild auf Instagram und Facebook. Ein Hashtag ist noch keine Haltung, von einer Handlung ganz zu schweigen.

Noch eine weitere Beobachtung von Georg Lukács bewahrheitet sich heute. Die Feststellung nämlich, dass der Aktivismus seinem Wesen nach sozialistischen Geistern ebenso verführerisch winkt wie faschistischen. Heute bilden die beiden Enden des politischen Spektrums der linksradikale »Ende Gelände«-Aktivismus einerseits, der im Tagebau Bagger besetzt, und der rechtsextreme »nationale Aktivismus« der Identitären Bewegung andererseits, der die Angst vor »Überfremdung« schürt. Bevor jetzt einige gleich den üblichen Reflexen gehorchend »Hufeisen« rufen und betonen, dass diese Extremismen doch kaum etwas verbindet: Es war Joseph Goebbels, der 1933 im Propagandaministerium die »Zentralstelle für geistigen Aktivismus« einrichtete. Der Nationalsozialismus hat den Aktivismus schon früh für sich entdeckt. Auch er wollte den Menschen zu einer Art progresspflichtigem Wesen erklären – fortschrittlich im Sinne der »Volksgesundheit«. Diese politische Bipolarität mag erstaunen. Allein: »Die Gabe, Paradoxe auszuhalten, ist nicht der unwichtigste Teil der Ausrüstung, die Aktivisten besitzen sollten«, hat die Amerikanerin Rebecca Solnit in anderem Zusammenhang schon 2004 geschrieben.

Oft beklagen Aktivistinnen und Aktivisten, dass der Begriff Aktivismus im abwertenden Sinne benutzt wird. Diese pejorative Konnotation allerdings kommt nicht von ungefähr. Denn der Aktivismus bringt nicht nur immer neue Kinder hervor, er frisst diese auch. Ihm wohnt bisweilen ein unangenehm totalitärer Zug inne. War es doch in Gestalt von Janice Deul eine Modeaktivistin, die 2021 erfolgreich zu skandalisieren verstand, dass die weiße, non-binäre Autorin Marieke Lucas Rijneveld das Inaugurationsgedicht »The Hill We Climb« der schwarzen Lyri-

kerin und Aktivistin Amanda Gorman ins Niederländische
übersetzte. Derlei Kampagnen unter »literarischer Aktivis-
tentugendhaftigkeit« (Thomas Mann 1916 über seinen
Bruder Heinrich) zu verbuchen, hieße das Phänomen
unterschätzen. »Stark und reisig« hatte sich Carl von
Ossietzky den Aktivismus 1918 gewünscht – heute ist er
v. a. reichweitenstark. Und er ist nicht davor gefeit, sich in
Widersprüchen zu verfangen. Man muss im Fall Gorman/
Rijneveld fragen, was genau progressiv daran ist, im Sinne
identitätspolitischer Homologie zu behaupten, dass es besser ist, wenn Schwarze Schwarze übersetzen, und im Jahre
2021 ernsthaft die Tatsache zum Problem zu erklären, dass
eine nicht binäre Person die Zeilen einer Frau überträgt.

Dass ein Aktivismus den anderen durchaus zu tor-
pedieren in der Lage ist, sieht man z. B. an Attacken wie
jener der intersektionalen Aktivistin und Kolumnistin
Michaela Dudley auf die feministische Aktivistin und Pu-
blizistin Alice Schwarzer. Hier warf die eine, jüngere aktivistische Seite der anderen, älteren Rückschrittlichkeit
vor. Schwarzer gilt seit ihren Einlassungen zu den »Neo-
Transsexuellen« als TERF, unter welcher Abkürzung man
einen »trans-exclusionary radical feminism« brandmarkt.
Ihre Warnung vor einem irreversiblen vorschnellen ope-
rativen Geschlechterwechsel vor Erreichen des Erwachse-
nenalters wird als menschenverachtend verworfen. Vergessen wird dabei gern, dass Schwarzer sich 1984 in ihrer
Zeitschrift »Emma« als eine der ersten überhaupt öffentlich mit den Transsexuellen solidarisierte und um Verständnis für deren Nöte warb. Von Exklusion keine Spur,
im Gegenteil. Ganz ähnliche Erfahrungen machte die
Britin Kathleen Stock, als sie darauf hinzuweisen wagte,
dass die Existenz eines biologischen Geschlechts schlech-

terdings nicht zu bestreiten ist. Die feministische Philosophin war bei dem daraufhin gegen sie veranstalteten sozialmedialen Haberfeldtreiben nicht so standhaft wie ihre ebenfalls von Transgender-Aktivisten heimgesuchte Landsfrau Joanne K. Rowling. Sie gab von sich aus ihren Lehrstuhl an der Universität von Sussex auf. Den Pranger, an den sie sich unversehens gestellt sah, verglich sie mit den Methoden des Mittelalters.

Die Dynamiken, die Aktivistinnen und Aktivisten auszulösen imstande sind, darf man mindestens beachtlich, manchmal auch gefährlich selbstgerecht nennen. Vor allem dort, wo sie Zwänge auszuüben versuchen. Die Frage stellt sich, ob, mit einem Wort aus Marion Poschmanns »Hundenovelle« (2008), nicht auch zunehmend in unserer Gesellschaft so etwas wie »falscher Aktivismus« Platz greift. Ihr Erzähler bezeichnet damit eine »Art von Handlungsmanie, starrköpfig, brutal, die die Welt regierte und kaputt machte«. Es ist manchmal nur ein kleiner Schritt von der Unbeugsamkeit, die viele Aktivismen charakterisiert, bis zur Verstocktheit. »Der Sprung ins Helle« heißt eines der Grundlagenwerke des Aktivismus von Kurt Hiller. Wir haben gelernt, bei großen Sprüngen nach vorn Vorsicht walten zu lassen. So licht, wie er seinen Sprung in die Zukunft gern ausmalt, so sehr neigt der Aktivismus auch zu ideologischen Verhärtungen, zu Dogmen. Walter Benjamin, alles andere als ein Reaktionär, sprach 1932 vom »Irrtum des Aktivismus«. Könnte es sein, dass sich 90 Jahre später dieser Irrtum unter anderen Vorzeichen wiederholt?

Wozu Aktivismus?

Einer der beliebtesten Glaubenssätze lautet: Bewegung ist gut. Bewegung tut not. Nicht nur rät uns jeder Mediziner dazu. Bewegung assoziieren wir mit Vorankommen, obgleich es neben der Vorwärts- (und Seitwärts-) genauso die Rückwärtsbewegung gibt und man in Deutschland weiß, dass die schrecklichste Tyrannei sich in einer sogenannten »Hauptstadt der Bewegung« formiert hat. Doch dieser semantische *backlash* ficht sie nicht an. Sie hat einen gleichbleibend guten Leumund. Schon von Aristoteles hat uns Arthur Schopenhauer den Satz überliefert: »Das Leben besteht in der Bewegung und hat sein Wesen in ihr.« Bräuchte der Aktivismus einen Leitsatz, hier wäre er. Soziale Bewegungen finden ihr Wesen darin, dass sie für den Fortschritt kämpfen, Rechte erstreiten, dass sie etwas anschieben und eintreten für eine bessere Welt. Sie sind zutiefst überzeugt von ihrer Mission und setzen alles daran, ihre Botschaft zu streuen und auf allen denkbaren Wegen weiterzuverbreiten.

So nimmt es nicht wunder, dass manche in Paulus einen der ersten Aktivisten sehen. Der Apostel Paulus von Tarsus reiste unentwegt umher, gründete Gemeinden und brachte die Botschaft Jesu unter die Menschen. Heutige Aktivisten wie auch solche vor rund hundert Jahren sehen

17

und sahen in ihrem Engagement »eine Art Religionsersatz«, wie der Klimaaktivist Tadzio Müller sagt. Sein Nachnamensvetter Robert Müller, einer der ersten Aktivisten, die diese Selbstbezeichnung wählten, hielt am 13. Februar 1919 den Vortrag: »Aktivismus, die Religion des Bewusstseins«. So eignet dem Aktivisten seit jeher etwas Wanderpredigerhaftes. Das paulinische Umherziehen im Mittelmeerraum, der auf Bekehrung ausgelegte theologische Tourismus findet seine gegenwärtige Entsprechung im »Gipfel-Hopping« der aktivistischen Protest-Kultur, das David Graeber bereits 2013 derart benannt hat. Sein direktes Analogon freilich erkennt man in der medial perfekt inszenierten Atlantik-Überquerung, welche Greta Thunberg, die Heilige Johanna der Schulhöfe, 2019 in der Segeljacht über den Ozean nach New York zur Klimakonferenz trug.

Seine wirksamsten Auftritte hat der Aktivismus, wenn er wortwörtlich die Kanzel besteigt. So wie jene überaus mutigen Frauen von »Pussy Riot«, die am 21. Februar 2012 vor dem Altar der Moskauer Christ-Erlöser-Kathedrale ihr heute legendäres »Punk-Gebet« für die Freiheit und gegen die Allianz des Patriarchen der Russisch-Orthodoxen Kirche mit dem Machthaber im Kreml anstimmten. Dessen Refrain ist auch zehn Jahre danach nicht verhallt: »Jungfrau Maria, heilige Muttergottes, / räum Putin aus dem Weg«. Die drakonischen Strafen von mehreren Jahren Haft, die das Putin-Regime nach dieser Aktion gegen Nadeschda Tolokonnikowa und Marija Aljochina verhängte (Jekaterina Samuzewitschs Haftstrafe wurde in eine Bewährungsstrafe umgewandelt), standen »in keinem Verhältnis zu unserem Aktivismus«, wie Pussy Riot feststellten. Ihr Handeln wurde von der russischen Justiz als

»Rowdytum aus religiösem Hass« denunziert, was es nicht war. Sie hatten für lauter Dinge gekämpft, die andernorts – maßgeblich dank des Kampfes geistesverwandter Aktivistinnen und Aktivisten – bereits durchgesetzt worden waren, so dass sie uns heute wie Selbstverständlichkeiten erscheinen: Werte wie Rede-, Wahl- und Meinungsfreiheit, Ausbildung einer eigenen politischen, geschlechtlichen oder sexuellen Identität, Multikulturalismus. Dass sie sich im Gefängnis mit Zitaten aus dem Evangelium wie etwa »Fasset eure Seelen mit Geduld« (Lukas, 21, 19) Trost spendeten, ist vielleicht gar kein Zufall. »Liebe wird sich in Freiheit umwandeln, und dadurch wird sich die Welt verändern«, schrieb Nadeschda Tolokonnikowa am 29. März 2012 in einem Brief aus der Untersuchungshaft: »Sie ist bereits in Bewegung.«

Das Sich-üben-Müssen in Geduld – Langmut – ist für jede Aktivistin, jeden Aktivisten die wohl größte Herausforderung. Sind sie doch immer ihrer Zeit voraus und müssen feststellen, dass die Zeit oft noch nicht reif dafür ist, ihre Forderungen zu erfüllen. »Auf den Aktivismus kann man sich nicht verlassen. Er ist nicht schnell«, hat Rebecca Solnit geschrieben: »Eine Menge Aktivistinnen und Aktivisten scheinen eine mechanistische Vorstellung von Veränderung zu haben; oder aber sie erwarten das, was Diätwunderpillen versprechen: ›Schnell und einfach – Erfolg garantiert.« Sie erwarten etwas Endgültiges, Definitives, direkte Ursache-Wirkung-Beziehungen, sofortige Renditen, was sie letztendlich zu Spezialisten für Enttäuschungen macht, die sich dann als Verbitterung, Zynismus, Defätismus und Besserwisserei bei ihnen einnisten.« Man begegnet heute vielen solcher »Spezialisten der Enttäuschung«. Das »Blah, blah, blah«, das die tiefenttäuschte

Greta Thunberg 2021 nach dem UN-Klimagipfel in Glasgow twitterte, verlieh dieser Enttäuschung Ausdruck. Umso eindrücklicher die Beispiele derer, die den Widerständen trotzen und sich in ihrer Arbeit nicht so rasch entmutigen lassen. Man nehme zwei Alternative Nobelpreisträgerinnen des Jahres 2021: Die Friedens- und Genderaktivistin Marthe Wandou engagiert sich seit Langem in Afrika gegen Kinderehen und sexualisierte Gewalt, die gleichaltrige Aktivistin Freda Huson kämpft in British Columbia für die Landrechte und das kulturelle Erbe der indigenen Wet'suwet'en-Bevölkerung.

Es gibt zahlreiche bewundernswerte Beispiele für Aktivismus und für die Selbstverpflichtung zum zivilen Ungehorsam, die sich auf Henry David Thoreaus kanonische Schrift von 1849 hierzu berufen können. »Mach dein Leben zu einem Gegenwicht, um diese Maschine aufzuhalten«, der berühmte Imperativ Thoreaus war ein aktivistischer. Der Impuls zum Aktivismus kommt stets aus einer Ablehnung dessen, was man sich angewöhnt hat, »Regierungshandeln« zu nennen, sich in den Augen seiner Kritiker aber eher als Stillstand und »Politikversagen« darstellt. Man tut dem Aktivismus Unrecht, wenn man ihn pauschal der Moraltrunkenheit zeiht. Moral ist in nahezu allen Fällen sein Movens, aber was wäre Verwerfliches daran, sich aus moralischen Gründen für etwas einzusetzen? Insofern lag schon der Dadaist Raoul Hausmann daneben, als er 1919 den Aktivisten vorwarf, sie seien »Schwachköpfe«, »Dussel, die unfähig sind, Politik zu treiben«, und »triefen nun von einer Ethik, der man nur mit der Mistgabel sich nähern kann«. Und doch hat der Ruf des Aktivismus durch seinen Moral-Rekurs Schaden genommen, wovon dieses Buch handeln wird.

Marija Aljochina von »Pussy Riot« schrieb am 5. März 2012 aus dem russischen Gefängnis einen Brief, in dem sie erwähnte, sie hätte ihren Mitinsassinnen »aufmunternde Foucault-Zitate« zugeworfen. Michel Foucault selbst wiederum hat sich 1983 so geäußert: »Wenn alles gefährlich ist, dann haben wir immer etwas zu tun. Deshalb führt meine Position nicht zur Apathie, sondern zu einem Hyper- und pessimistischen Aktivismus.« In dieser Phase des »Hyper- und pessimistischen Aktivismus« scheinen wir heute angekommen zu sein. Mehr noch: Der Aktivismus ist ein manifester Bestandteil unserer Gesellschaft geworden. Er ist aus ihr gar nicht mehr wegzudenken. Paradoxerweise aber ist er selbst nichts, was auf Dauer gestellt sein kann. Denn seine Daseinsberechtigung erlischt, wenn er erreicht hat, wofür er gestritten hat. Für das Individuum zumindest gilt laut dem Anthropologen, Anarchisten und Aktivisten David Graeber, dass es nicht sein ganzes Leben lang Aktivismus treiben kann: »Irgendwann zieht sich fast jede und jeder vom Aktivismus zumindest teilweise zurück«, schreibt er in »Direkte Aktion«. Graeber war zu Beginn der 2010er-Jahre einer der Wortführer der Occupy-Wall-Street-Bewegung.

Lange vor dieser Zeit, 1871, wurde in New York Henry Lane Eno geboren. Ein sehr vermögender Herr, seiner Familie gehörte eines der feinsten Hotels der Stadt an der Fifth Avenue. Er betätigte sich als Philanthrop, stiftete der Princeton University die »Eno Hall« und durfte sich dafür »Professor« nennen. 1920 veröffentlichte er einen heute nur noch als Nachdruck erhältlichen Essay, der ein zu Recht vergessenes Amalgam aus philosophischen und psychologischen Überlegungen ist: »What is activism?«, fragte Henry Lane Eno und gab selbst eine Antwort, die einer gewissen Komik nicht entbehrt: »Activism is a new philosophy, or, at the least, a new point of view in philosophy – a new way of presenting certain old ideas.« Ganz am Ende dieses Buches verlieh Eno seiner Hoffnung Ausdruck, der Aktivismus könnte in der Weiterentwicklung seiner »fundamentalen Vorstellungen« eines Tages seine »praktische wie theoretische Bedeutung« erweisen und dabei helfen, »viele der wissenschaftlichen und sozialen Probleme, die sich uns heute stellen, zu lösen«.

Das Jahrhundert des Aktivismus

Mit der Historie hatte es der Aktivismus von Anfang an nicht so. Der Aktivist »vermag aus der Geschichte nichts zu lernen«, verfügte sein früher Wortführer Kurt Hiller bereits 1919, um dann fortzufahren: »Dem aktiven Kopf ist es höllisch gleichgültig, was ›im Anfang war‹; einzig darauf kommt es ihm an, was *am Ende sein soll*!« Wozu sei man schließlich »Futurist«, »Rationalist« und »Meliorist«, dem übrigens schon damals, kaum war das Wort »Aktivist« geboren, »die Hohnrede ›Weltverbesserer!‹« begegnete, wie Kurt Hiller in seinem Text »Ortsbestimmung des Aktivismus« vor über hundert Jahren berichtete. Nicht nur diese Parallele zu unserer Gegenwart verblüfft.

Manche Sätze aus Hillers seinerzeitigem Aufsatz könnte man heute jede*r »Fridays for Future«-Aktivist*in in den Mund legen. Etwa den, dass es dem Aktivisten nicht um »Realpolitik« gehe: »Sein Wollen geht auf Realisierungspolitik. Und zwar auf radikale.« Wie mit Blick auf die aktuellen Debatten im Deutschen Bundestag zum Schutz unserer natürlichen Lebensgrundlagen heißt es bei Kurt Hiller: »Es gibt weit vitalere Interessen als die, auf deren Verfechtung man in den Parlamenten sich heute beinahe beschränkt. Weit menschlichere.« Hiller verabscheute die »Politik der Ausbeutung« – nur dass hier noch nicht die der Natur gemeint war. Die Politik dürfe »nicht länger [...] einen blöden und barbarischen Materialismus exekutieren«, warnte er und zeichnete dem Aktivisten seinen zukünftigen Weg vor: »Es bleiben ihm zwei Wege politischer Wirkung: In diese Parteien zu gehen, sie zu durchsäuern, ihnen seinen Willen einzuzwingen, sie in aktivistische umzuschaffen – oder selber Partei zu bilden, außerhalb jener und, nötigenfalls, gegen sie. Am meisten aktivistisch wird es sein, beide Wege zugleich zu beschreiten.«

Diese erstaunlich aktuell anmutende »Ortsbestimmung des Aktivismus« findet man in einem für den Ur-Aktivismus wichtigen Jahrbuch: »Die Erhebung«. Erhoben wird sich auch heute wieder, junge Aktivistinnen und Aktivisten demonstrieren für eine klimagerechtere Welt, ketten sich an Bahngleise oder veranstalten Sitzblockaden auf Autobahn-Zufahrten und nennen das den »Aufstand der letzten Generation«. Dieser apokalyptische Gestus, dieser endzeitliche Zug ist dem Aktivismus seit Anbeginn eingeschrieben. Was wir heute primär mit der Bekämpfung der Klimakatastrophe assoziieren, entstand schon gut hundert Jahre zuvor in direkter Reaktion auf die Menschheitskatastrophe des Ersten Weltkriegs. Es erscheint mithin alles andere als abwegig, die Geschichte des Aktivismus mit in Betracht zu ziehen, wenn man sich mit ihm als prägenden Gegenwartsphänomen befasst. Zumal ein paar Wesensmerkmale seine Historie problemlos überdauert haben.

Sicherlich würde heute niemand mehr wie noch Hiller den Aktivismus als »maskulin« definieren und vom »kernigsten, wetterhärtesten Armintypus, der die berühmten Schlachten gewann«, schwadronieren. Seine zeitgenössischen Vertreter sind mindestens ebenso weiblich wie männlich wie divers, weshalb der Aktivist nahezu durchgängig gendert. Doch welchem Geschlecht auch immer er oder sie sich zurechnet: Der Aktivist tritt seit frühesten Tagen als Rigorist*in und Wahrheitsmonopolist*in auf. Die »Moral der Aktivität« (Hiller), ihr »Wir tun was« mag in den Aktivisten die Überzeugung nähren, sie kennten den alleinseligmachenden Weg. Ihren Widerpart haben sie seit jeher in der rundheraus verachteten »Kontemplativität, die sich selbst genügt« (Hiller). Die ersten Aktivisten haben ganz offen von sich als den »Aristoi« gesprochen und damit klar zu verstehen gegeben, dass sie sich für »die Besten« hielten. Das Echo auf diese gesellschaftliche Selbstverortung – gepaart mit dem »seligen Ziel«, »die Welt zu erlösen« – war von Anfang an gemischt. Der Heiligenschein kommt nicht von ungefähr, führt die geistesverwandtschaftliche Linie doch für Hiller zurück zum »großen Aktiven von Nazareth«.

Jesus!, wird da der ein oder andere ausrufen, geht es denn nicht ein paar Nummern kleiner? Und warum eigentlich immer dieser bierernste Ton? Die relative Humorferne des Aktivismus ist so alt wie seine Geschichte. Die britischen Komiker von Monty Python haben sie 1980 in ihrem Klassiker »Das Leben des Brian« auf bis heute unerreichte Weise karikiert, als sie die Aktivisten der »Volksfront von Judäa« in heftigen Streit mit denen der »Judäischen Volksfront« geraten ließen. Auf solche Witze reagierten früher Klerikale allergisch, heute sind es eher Aktivisten. Mit Folgen: Ohne auch nur den leisesten Anflug von Ironie teilte die BBC 2021 in Anspielung auf das Comedy-Kollektiv mit, heute würde man keinen Film mehr mit »sechs weißen Männern aus Oxford« drehen.

John Cleese zog als Mitglied des inkriminierten Six-Packs daraus noch die beste Konsequenz, indem er ankündigte, für eine Fernsehdokumentation im Gespräch mit Aktivisten ergründen zu wollen, »warum eine neue woke Generation versucht, die Regeln neu zu schreiben für das, was gesagt werden darf und was nicht«. Der Titel des Projekts lautet »Cancel Me«.

Karl Raimund Popper wäre von einem wie Hiller womöglich mit einem seiner Wortspiele als »Flachphilosoph« abgekanzelt worden. Gleichwohl hat Popper natürlich recht, wenn er in »Das Elend des Historizismus« bemerkt, dass in Karl Marx' bekannter Losung »Die Philosophen haben die Welt nur verschieden interpretiert, es kömmt darauf an, sie zu verändern«, der berühmten elften These über Feuerbach, »die ›aktivistische‹ Haltung sehr deutlich zum Tragen kommt«. Somit war es nur eine Frage der Zeit, bis jemand auf die Idee kommen würde, das Kommunistische Manifest von Marx und Friedrich Engels einem »Update« zu unterziehen und daraus »Das Aktivisten-Manifest« zu machen. Es erschien 2019, exakt einhundert Jahre nach der Veröffentlichung von Hillers »Ortsbestimmung«. Zwei Finanz-Fachleute aus den USA und Großbritannien mit Expertise im Hedgefonds-Management und Wertpapierrecht waren die Verfasser. »Unsere Hauptkompetenz liegt im Aktienbesitzer-Aktivismus«, stellten sich Rupert Younger und Frank Partnoy darin vor. »Doch als wir beide den Begriff des Aktivismus über all die Jahre diskutiert haben, malten wir uns aus, was passieren würde, wenn die Aktien-Aktivisten sich mit den politischen und sozialen Aktivisten verbünden würden, um eine gemeinsame Front zu bilden.«

Man kann in diesem Büchlein so etwas wie die Vorwegnahme der Berliner Regierungskoalition aus SPD,

Grünen und FDP erkennen. Zufall oder nicht – Robert Habeck schrieb das Vorwort zur deutschen Ausgabe dieser »Coverversion«. Natürlich gefiel ihm, dass der Abschnitt »Kleinbürgerlicher Sozialismus« (Marx/Engels) nun »Umweltaktivismus« (Younger/Partnoy) hieß, dass »globale politische Graswurzelbewegungen« sowie »lokale Gemeinde-Aktivisten« Eingang gefunden hatten: »Sie nehmen naheliegende Probleme ins Visier – zu schnelle Motorräder, illegale Müllhalden, gefährliche Spielplätze.« Das »Aktivisten-Manifest« las sich streckenweise wie ein Medley aus dem Parteiprogramm der Grünen und Marx/ Engels, dann wieder wie »das Standardrepertoire jeder durchschnittlich sozialdemokratischen Partei«, wie Robert Habeck befand. Einen tieferen Sinn jedenfalls ergab das partielle Überschreiben des Ur-Textes von Marx und Engels, das Austauschen einzelner Begrifflichkeiten und das Beimengen von Wörtern wie »Generationenverantwortung« (74 Prozent des Originals blieben unverändert) nicht. So wollte man es allenfalls als ein weiteres Indiz dafür werten, dass den Aktivismus in seinem Lauf nun wirklich niemand mehr aufhalten konnte: »Er verbreitete sich wie eine Epidemie«, so hatten Marx/Engels 1848 den Sieg des Sozialismus beschwören wollen, und so taten es ihnen ein Jahr vor Ausbruch der Corona-Pandemie Younger/Partnoy nach. Jetzt stand dort: »Der Aktivismus wird bereits von allen globalen Mächten als Macht anerkannt. Es ist hohe Zeit, dass die Aktivisten ihre Anschauungsweise, ihre Zwecke, ihre Tendenzen vor der ganzen Welt offen darlegen und dem Märchen vom Gespenst des Aktivismus ein Manifest der Partei selbst entgegenstellen.«

Die Gründung einer Partei der Aktivisten, die schon Kurt Hiller kurz erwogen hatte, steht weiterhin aus. Ihrem

Sendungsbewusstsein tut das keinen Abbruch. Bei der Vielzahl inbrünstiger »Mission Statements«, die heutzutage von Unternehmen unterschiedlichster Couleur produziert werden, muss man sich um die Zukunft des Aktivismus keine Gedanken machen. Der Kapitalismus hat ihn längst inkorporiert, zu verführerisch winken die Möglichkeiten von Green- und Pinkwashing. Der »Deutsche Bank«-Truck auf der Pride-Parade ist dem Image förderlich, und auch die Supermarkt-Kette Marks & Spencer wollte sich ein besonders weltoffenes Antlitz verleihen, als sie 2019 pünktlich zum Start der CSD-Saison ein »LGBT-Sandwich« in die Verkaufsregale legte: nichts weiter als ein handelsübliches labbriges Brot, belegt mit grünem Salat (Lettuce), Guacamole, Bacon und Tomato und in regenbogenbunter Plastikverpackung. Zupass kommt dem Aktivismus überdies die gesamtgesellschaftliche Stimmung. Solange er keine konkreten, für den Einzelnen spürbaren Veränderungen mit sich bringt, sympathisieren Bürgerinnen und Bürger mit ihm. Der Philosoph Ralf Konersmann hat dafür das treffende Wort von der »Bürgertugend des Troublemaking« gefunden. Man signalisiert – oder simuliert auch nur – mit seiner »an sich schon wertvollen, als ›proaktiv‹ begrüßten Bereitschaft, sich immer und überall einzumischen«, dass man über das erforderliche kritische Bewusstsein verfügt und offenen Auges für Missstände durch die Welt läuft. Bedenklich darin ist für Ralf Konersmann v. a., dass der heutige Aktivismus sich nicht selbst hinterfragt, sondern lediglich darauf zielt, »die Einstimmigkeit der Wohlgesinnten zu organisieren«. Man macht sich nicht unbedingt beliebt, wenn man die Wohlgesinnten auf die Wohlfeilheit ihres oft ja rein symbolischen Tuns hinweist. Wenn Widerspruch und Einwände unerwünscht sind, bleibt die Realität oft genug auf der Strecke: »Es ist diese Einstimmigkeit und die Selbstverpflichtung gegenüber der Idealität, hinter der die Wirklichkeit folgerichtig und mit frustrierender Regelmäßigkeit zurückbleibt.« Mit Flugschamesröte im Gesicht und hinter vorgehaltener Hand beichten Klima-Aktivisten einander, sie hätten dann doch diesen einen Langstreckenflug in den Urlaub gebucht – und verschweigen den anderen, heimlich unternommenen Trip mit dem Partner lieber. Der ökologische Fußabdruck, Sie verstehen.

Recht wohl kann einem bei diesen Sätzen aus Konersmanns »Wörterbuch der Unruhe« nicht sein. »Die stets sprungbereite Superkritik des Aktivismus macht aus uns allen: Funktionäre der Unruhe«, schließt er. Da ist er wieder, der Sprung, *die* aktivistische Metapher schlechthin, weshalb sie hundert Jahre nach Kurt Hiller auch die Amerikanerin Rebecca Solnit ganz selbstverständlich benutzt, wenn sie sagt: »Der Aktivismus ist kein Gang zum Eckladen, er ist ein Sprung ins Unbekannte.«

Der österreichische Ur-Aktivist Robert Müller, dem Hillers »Ortsbestimmung« 1919 »in enthusiastischer Kameradschaft« gewidmet war, lag goldrichtig, als er 1921 prophezeite: »Die Aktivisten [...] werden vermittels des starken, kunstvoll gehobenen Wortes durchdringen und die politische Klangfarbe des Jahrhunderts bestimmen.«

Der »Gesamtdeutsche Aktivisten-Kongress« 1919

Am 7. Juli 1919 schreibt Robert Musil, Wien, eine Postkarte an Kurt Hiller, Berlin-Friedenau. Mit Bedauern muss Musil mitteilen: »Ich wäre sehr gerne gekommen und hatte auch große Lust zu sprechen, aber konnte mich von meiner Arbeit nicht los machen.« Bevor er als »Ihr aufrichtig ergebener« schließt, schreibt er noch: »Bin nun sehr neugierig durch Müller zu hören, wie der Kongreß verlaufen ist.« Aber auch jener von Musil erwähnte Robert Müller kann ihm nicht Bericht erstatten, wie er denn nun gewesen war, der »Gesamtdeutsche Aktivisten-Kongress«, zu dem die Österreicher Musil und Müller ursprünglich hätten anreisen wollen, aber dann beide nicht kamen. Transportprobleme, angeblich. Vom austriakischen Aktivisten Müller, so wie Musil Mitglied der aktivistischen Geheimgesellschaft »Katakombe«, kam stattdessen ein Telegramm mit solidarischen Grüßen. Betrübt bilanzierte Hiller in der ihm eigenen umstandskrämerischeren Diktion: »Das Fernbleiben der Freunde aus dem Süden, zumal aus Wien, machte sich, mir wenigstens, heftig bemerkbar. Es war überhaupt kein gesamtdeutscher, es war alles in allem ein berlinischer Kongreß – leider.«

So pompös sein Titel, so desaströs sein Ergebnis. »Der Zweck dieses Kongresses ist ein zwiefacher«, hatte es feierlich-erhaben auf der Einladung zum Gesamtdeutschen Aktivistenkongress vom 15. bis 22. Juni 1919 geheißen: »Innere Festigung der aktivistischen Bewegung – Kundgebung ihres Wollens nach außen.« Eine Woche lang wollte man kurz nach Ende des Ersten Weltkriegs diskutieren und disputieren, öffentliche Vorträge, Aussprachen und »interne Beratungen« zu wichtigen Themen standen auf der Agenda: »Kampf gegen die Waffe, Abschaffung der Wehrpflicht, Arbeitspflicht und Berufszwang, Sexualfreiheit«, um mal aus dem »thematischen Grundriß« zu zitieren. Und dann kam am Ende ein versprengter Haufen von nicht mehr als 150 Aktivisten zusammen, die meisten von ihnen in Berlin ansässig. »Die Aktivisten haben es schwer«, konnte man danach am 27. Juni in der Abendausgabe der »Freiheit«, des »Berliner Organs der unabhängigen Sozialdemokratie Deutschlands« lesen: »Den Bürgern ein Bürgerschreck, beinahe wie Dada, den Proletariern eine schmerzliche Scham, vielen ein Gelächter. Und Uneinigkeit in den eigenen Reihen.« Maliziöser geht es kaum. Aber immerhin: Ein Medium nahm überhaupt Notiz von der Versammlung. Die lang geplante Tagung stand nämlich unter dem Unstern, dass Zeitungen »infolge Streiks an den für die Ankündigung des Kongresses entscheidenden Tagen nur ganz vereinzelt erschienen«, wie Hiller zerknirscht festhielt. Man musste in jenem Sommer schon sehr aufmerksam die Gazetten studieren, um in der Morgen-Ausgabe des »Berliner Tageblatts« vom 21. Juni 1919 auf folgende »kleine Mitteilung« zu stoßen: »Kurt Hiller spricht heute abend 7½ Uhr im Schubert-Saal über die Anteilnahme des schöpferischen Typus am Aufbau der neuen Gesellschaft.« Ein Satz, ohne weitere Erklärung. Man weiß nicht, wie viele Leser sich daraufhin in die Bülowstraße 104 am Hochbahnhof Nollendorfplatz in jenen Schöneberger Schubert-Saal aufgemacht haben. Vermutlich sehr wenige. Der harte Kern derer, denen schon mal etwas vom »schöpferischen Aktivismus« zu Gehör gekommen war. Diesen Begriff hatte ein heute weithin vergessener deutscher Literaturnobelpreisträger von 1908 in Umlauf gebracht: Rudolf Eucken, ein Philosoph und großer Freund hochgemuter Ideen. »Ohne einen aufrüttelnden und schöpferischen Aktivismus kommen wir nicht weiter«, hatte Eucken 1915 kurzerhand dekretiert. Der technisierten Arbeitswelt wollte er einen neuen Idealismus entgegensetzen, den seine Landsleute bitte, so der Professor in seiner Schrift »Die Träger des deutschen Idealismus«, »als Aktivismus von den sonstigen Formen des Idealismus unterscheiden möchten«.

Dieses Programm eines »Idealismus der Tat« war natürlich ganz im Sinne Kurt Hillers. Aber es ist das eine, ein stufenweise zu erlangendes »Reich des Aktivismus« (Eucken) zu imaginieren, und das andere, so einen chiliastisch tönenden Terminus mit Leben zu füllen. Hiller war in jenen Jahren der große Vortragsreisende in Sachen Aktivismus – und musste doch immer wieder feststellen, dass bei aller Sympathie mit den Zielen der von ihm maßgeblich mitbegründeten Bewegung die Reaktionen auf seine öffentlichen Auftritte hin eher verhalten ausfielen. So hatte die »Allgemeine Zeitung« in Mainz am 17. 11. 1918 von einem ganzen Vortragsabend-Reigen berichtet und Hillers »prächtige Dialektik« gepriesen, allerdings gleich eingeschränkt, diese könne »nicht Andersgesinnte bekehren, nur Unschlüssige aufwühlen«. Dann lieber doch den bereits Bekehrten in der aktivistischen Kirche predigen! Und das Wort »predigen« verwendete Hiller gern, wie man seinem »Kongressbericht« 1920 in seiner eigenen Zeitschrift »Das Ziel« entnehmen kann. Er »predige seit über einem Jahrfünft, der Mund fusselt mir schon«, so bemerkt da der einigermaßen verzweifelte Hiller, »daß über all den Kapellen der Weltbesserer die kolossale Kuppel eines Bundes der Bünde einend sich wölbe«. Aber wer war nun zugegen in der Kapelle der Weltbesserer unter der gar nicht kolossalen Kuppel des Schubert-Saals auf dem Gesamtdeutschen Aktivistenkongress? Heinrich Mann zum Beispiel nicht, obwohl ihm Hiller noch mal eine gesonderte briefliche Einladung geschickt hatte. Sanitätsrat Dr. Magnus Hirschfeld hingegen, der Sexualwissenschaftler und Homosexuellen-Aktivist, nahm teil, genauso wie die mit ihm befreundete Frauenrechtlerin Helene Stöcker, ebenfalls promoviert und wie Magnus Hirschfeld dem »Vollzugsamt und Kongresskomitee« angehörend. Sie war – neben der Dichterin Berta Lask und der Schriftstellerin Susanne Leonhard-Köhler – eine der ganz wenigen Frauen auf dem Gesamtdeutschen Aktivistenkongress. Der Bund der Bünde, der sich hier einend wölben wollte, war seinen Mitgliedern nach zu urteilen ein Männerbund.

Was man auch daran sieht, dass Hiller im Jahr zuvor eine Abhandlung »Ein Deutsches Herrenhaus« genannt hatte. Für Frauenzimmer war darin offenbar kaum Platz. Als Kurt Hiller zehn Jahre später, 1929, die von ihm so betitelte »Lichtbringerin« und »Kameradin im Kampf« Helene Stöcker porträthalber mit glühender literarischer Lava überzog – »Mancher Ruhmumrauschte, mancher Stern des Feuilletons erstarrte früh; sie blieb feuerflüssig.« –, hielt er es für angezeigt, darauf hinzuweisen, dass diese frühe Feministin alles andere als Misandrie kennzeichne: »Ihr fehlt durchaus die hexenhafte Männerfeindlichkeit gewisser Suffragetten; sie behauptet nicht die Minderwertigkeit des Mannes, noch auch nur die ›Gleichwertigkeit‹ beider Geschlechter; sie stellt vielmehr deren ›wechselseitige Überlegenheit‹ fest.« Das war vermutlich jene »prächtige Dialektik« Kurt Hillers, von der man sich schon in Mainz in den Bann hatte schlagen lassen. Der nie um ein auch damals schon altertümliches Wort verlegene Aktivistenführer lobte an Stöcker dann noch, »wie sie, trotz Undank der Menschen und tragischem Bau der Welt, weiter scharwerkt und streitet«.

Scharwerken – also gemeinsam hart arbeiten bei kargem Lohn – und streiten, das wollte auch Hiller 1919. Und »attackieren«, klar. »Je ›geordneter‹ scheinbar die Zustände, desto anpackender, aufrüttelnder, peitschend wachsingender die Manifeste«, hatte er 1918 in seinem »Deutschen Herrenhaus« als Maxime ausgegeben, und »elegante Conférencen und tolle Meetings« samt »gehämmerten Resolutionen« herbeigeschwärmt. Und nun? Musste er in der »Freiheit« folgendes Fazit des Aktivistenkongresses lesen: »Publikum und Diskussionsredner sprachen oft aneinander vorbei.« Schlimmer noch: Die einzelnen Referenten – man kennt das auch heute von Tagungen – nahmen von den Reden der jeweils anderen keine Notiz – sie »glänzten«, ätzte Hiller voller Groll in seinem Abschlussbericht, »fast sämtlich und täglich durch Abwesenheit«. Zumindest gab es, auch wenn man wegen »mangelhafter Beschickung durch die Bewegung, wegen der Zufallszusammensetzung der abstimmenden Corona« gar nicht richtig beschlussfähig war, mit Müh und Not eine »Entschließung«.

Die indes hatte es in sich. Der Resolutionär Hiller, dessen »kraftschreierische« Prosa der marxistische Philosoph Georg Lukács später zu Recht in ihrer »blechernen Monumentalität« als »fanfarenhafte Überheblichkeit« brandmarkte, machte hier einmal nicht den Fehler, »von der Wirklichkeit wegzuabstrahieren« (Lukács), sondern zu benennen, was sein sollte. Der verabschiedete »Vorläufige Dogmenkatalog des Aktivismus« ist ein eindrucksvolles Dokument anti-demokratischen Denkens. Das Ziel war klar für Hiller: »Herrschaft des geistigen Typus über den Pöbeltypus«. Deshalb ist 1919 auch eine der »drei Hauptforderungen aktivistischer Politik« neben Pazifismus und Sozialismus (»Man kann nicht Aktivist sein, ohne Sozialist zu sein.«) – »Aristokratismus«. Der »Weltbesserer« hält sich für etwas Besseres und formuliert also in unverhohlener »Vonobenherabheit« (Hiller) seine Abscheu vor allem »Demokratismus (Ochlokratismus)«. Snobistisches verachtet »Mobistisches« (auch so eine Hiller'sche Wortkreation, an Neologismen mangelte es ihm wahrlich nie). Somit findet sich unter Punkt 4 der Schlusserklärung des Gesamtdeutschen Aktivistenkongresses dieser Passus: »Das demokratisch-parlamentarische System lehnen wir ab. Die politische Gleichberechtigung Jedes mit Jedem, zum Beispiel des Ausbeuters mit dem Ausgebeuteten oder des Bildungsphilisters mit dem Kulturrevolutionär, ist ein Axiom, das nur dazu dient, die Umwandlung der bestehenden Gesellschaftsordnung in eine vernünftige hinauszuzögern. Wir verwerfen die grundsätzliche Diktatur der Mehrheit, wir schwärmen auch nicht für eine Diktatur der Minderheit«, beeilt man sich zwar noch hinterherzuschicken, um dann aber doch ohne Wenn und Aber für eine Diktatur zu votieren: »Wir fordern die wirtschaftspolitische Diktatur derer, die durch ihre Arbeit die materiellen Werte schaffen, und wir fordern die kulturpolitische Diktatur derer, deren revolutionäres Schöpfertum die kulturellen Werte hervorbringt, – ohne Rücksicht darauf, ob dadurch eine Mehrheit oder eine Minderheit über diktatorische Machtbefugnisse verfügt.«

Ob Mehrheit oder Minderheit – Hauptsache Diktatur. Hilft ja nichts! Anders ist der obwaltenden Misere nicht mehr beizukommen in der Denkungsart Hillers und der Seinen. Einer der um Wähler wettstreitenden Parteien wollte er sich bewusst nicht anschließen, obgleich die Nähe der Aktivisten zu kommunistischen und sozialistischen Bewegungen und Doktrinen offenkundig war. »Der Geist steht links«, sollte es Jahrzehnte später zum Leidwesen Franz Josef Strauß' heißen. Für den Wortedrechsler Kurt Hiller war die Sache ein bisschen komplizierter: »Nie habe ich gepredigt, der Geist müsse ›über den Parteien‹ stehen, im Sinne parteiloser Erhabenheit (eine Drückebergerlehre wäre das, anti-aktivistisch, anti-moralisch, nach falscher Metaphysik stinkend, echt ›gebildet‹); allein ich lehne es ab, daß er einfach ›links‹ zu stehen habe. Er steht nicht ›über den Parteien‹, aber er steht nicht – unter den Parteien. Man kann Partei sein, ohne ihrer eine zu sein. Der Fall des Geistes! Sein Ort ist in Wahrheit: links über den Parteien. Der Geist, nicht relativistisch-betrachtsam, durchaus parteiisch, schwebt links über den Parteien.« Ach so.

Auf jeden Fall weht der Geist ungeheuer oben, um es mit Bertolt Brechts ebenfalls 1920 entstandenen Liebesgedicht zu sagen – im Wolkenkuckucksheim. Man fragt sich, wie viele der im Berliner Schubert-Saal versammelten Aktivisten tatsächlich an die Umsetzung ihrer doch recht papierenen Abstrakta geglaubt haben.»Gemessen an seiner eignen Idee war er schlecht«, befand Kurt Hiller 1920 in seinem Bericht final über diesen Kongress. Wobei, gemessen an Konkurrenzveranstaltungen war er wiederum gut:»Während nämlich auf anderen Kongressen von Kulturkämpfern meist labbrige Reden aufgesagt werden, und keine Tat herausspringt, wurde hier meist unlabbrig geredet, aber eine Tat sprang gleichfalls nicht heraus.« Der Weg bleibt wohl oder übel das Ziel.»In ein, zwei Jahren werden wir weiter sein«, sprach er sich selber Mut zu. Es war aber auch schwierig, all diese Individuen unter einen Hut zu bringen. Diese »im Endziel Gleichen und im Rhythmus Ähnlichen, mögen sie über Mittel und Wege denken, so verschieden sie wollen«, mussten doch irgendwie in einem »großzügigen und aktiven Zusammenschluß« zu vereinen sein.»Ach, wo ist, wann kommt der Messias des Abendlands, der diesen Zusammenschluß fügt?«, stöhnte Kurt Hiller vernehmlich auf. Es ist ein Kreuz mit dieser »Liga rhythmusverwandter Eigenbrödler«. Denn Aktivismus, das ist doch der Rhythmus, wo jeder mitmuss.

Die große Spielwiese des Aktivismus. Ein kleines Florilegium

Das Theaterstück hätte auch gut »Immer noch Shitstorm« heißen können, aber Peter Handke hat das Schauspiel, welches da 2011 uraufgeführt wurde, dann doch »Immer noch Sturm« genannt. Hier soll nur deswegen davon die Rede sein, weil der spätere Nobelpreisträger, der sich bei Bekanntgabe der Auszeichnung in bukolischer Szenerie an einem Gartentisch voller Äpfel fotografieren ließ, darin nicht allein pomologisch korrekt von »Früh-« und »Spätäpfeln« erzählt, sondern eine neue Spezies des Aktivisten die Bühne betreten lässt: den »Apfelaktivisten«. Genauer gesagt gibt sich ein Obstbauer selbst diesen Namen – »und entsprechend wirst du aktiv werden!«.

Es gibt mindestens so viele Aktivismen wie Apfelsorten. An faszinierender Formenvielfalt besteht beim Aktivismus wahrlich kein Mangel. Eine entschlossen nach oben gereckte Faust, die eine Stricknadel umfasst, prangt auf dem Cover der informativen Schrift »Craftista! Handarbeit als Aktivismus«. Wer nun behauptet, er habe von revolutionär gestimmten »Textil_aktivistinnen« und der

»Militarisierung der Wolle« noch nie etwas gehört, an dem mögen 2002 die Bilder vom »Global Knit-In« beim G8-Gipfel in Kananaskis westlich von Calgary vorbeigegangen sein, wo der Kanadier Grant Neufeld eine ganze Armada von Straßen-Strickerinnen und -Strickern zum Sit-in der anderen Art mobilisieren konnte. Eine Reprise erlebte diese Form des Protests 2013 beim G8-Gipfel in Enniskillenin – mit der Neuerung, dass die Aktivisten dort in Nordirland selbst gestrickte Balaclavas auf dem Kopf trugen. Man hat selten farbenfrohere Sturmhauben gesehen als diese. Ein historisches Vorbild gibt es auch hier. Strickende Aktivistinnen avant la lettre waren die »Tricoteuses« der Französischen Revolution: Bürgerinnen, die durch demonstratives Stricken in der Öffentlichkeit enragiert Mitsprache und Teilhabe am politischen Prozess einforderten und am Umsturz mitwirkten. Es ist ein weiter Weg von 1789 bis 2017. Aber die Langlebigkeit der Idee erweist sich auch darin, dass der selbst gestrickte pinke »Pussy Hat« in Washington aufgezogen wurde, als es galt, ein aktivistisches Zeichen gegen sexistische Bemerkungen Donald Trumps zu setzen. Bald trug man auch in Berlin »Pussy Hat« – und rosafarbene Wolle wurde knapp.

Hingegen über einen ungeteilten Hashtag nicht hinaus hat es der »Dickenaktivismus« der Feministinnen-Vereinigung »ARGE dicke Weiber« bisher gebracht, obwohl ja Bodypositivity und Bodyneutrality hoch im Kurs – und also auch Diskurs – stehen. »Riot, don't diet« lautet ein Schlachtruf. In den Vereinigten Staaten hingegen ist man schon deutlich weiter: Dort erschien 2016 Charlotte Coopers Buch »Fat Activism. A Radical Social Movement«. Und wo wir gerade bei Körpern und ihren Gott sei Dank ganz unterschiedlichen Erscheinungsformen sind: Den etwas hüftsteif-akademischen Terminus vom »Körperakti-vismus« hat der Soziologe Niklas Luhmann 1982 in seinem Klassiker »Liebe als Passion« in die Welt gesetzt: »Körper-aktivismus symbolisiert Jugend – im Sexualverhalten wie im Sport. Es geht um Leistung und um Leistungsverbes-serung, aber nicht um Leistungen, die man schuldig ist, sondern um solche, die man freiwillig erbringt.« Sorgen-voll beobachtete Luhmann »eine klinisch-therapeutische Bemühung um orgasmische Vollbefriedigung«. Solche Zustände streben auch heutige Aktivisten an, aber sie wäh-len dafür lieber den einfachen Do-it-yourself-Weg der »or-gasmischen Meditation« und Selbstbefriedigung. Diesen empfiehlt die Amerikanerin adrienne maree brown in ihrem Buch »Pleasure Activism. The Politics of Feeling Good« (2019). Mehr noch: Sie ruft dazu auf, zum Wohle des Aktivismus das erotische Vergnügen und libidinöse Verlangen zu »priorisieren«. Man muss sich gut fühlen, um Gutes tun zu können.

Für den althergebrachten Aktivismus patriarchaler Prägung sei es symptomatisch gewesen, weithin sichtbar und auf Lautstärke bedacht zu sein. Ein Fehler laut adri-enne maree brown (die auf die Kleinschreibung ihres Na-mens Wert legt, vermutlich als Ehrbezeigung an die eben-falls schwarze Frauen- und Bürgerrechtsaktivistin bell hooks). Der von ihr favorisierte Ansatz gebärdet sich weit-aus weniger auf Außenwirkung bedacht – und kämpft auf neuen Pfaden gegen allfällige Unterdrückung. Dem männ-lichen Sendungsbewusstsein von ohnehin phallischem Leuchtturm-Charakter tritt bei ihr weibliche Selbstacht-samkeit entgegen. Kein Zufall, dass Feministinnen wie jene der mit Vorliebe freizügig sich kleidenden »Slut-walk«-Bewegung für eine Vereinbarkeit von mentaler Gesundheit und Aktivismus werben. Im Netz posten sie den Ratschlag: »Aktivismus kann dir helfen, aktiv an einer positiven Veränderung teilzunehmen und Selbstwirksamkeit zu spüren. Aber du kannst deiner Community nicht helfen, wenn du nicht auf dich achtest.« Sonst droht der in der Szene seit Längerem schon gefürchtete »activist burnout«. Zermürben kann aber auch die Kritik am eigenen Aktivismus. Nicht jeder feministische Aktivist hält die aus Solidarität mit Opfern sexueller Gewalt gewählte Etikettierung als »Schlampe« für gelungen. Die britische Anti-Porno-Aktivistin Gail Dines zum Beispiel hält sie für vollkommen kontraproduktiv. Wer sich stolz selbst als Schlampe bezeichne und auch so auftrete, entlarve eine misogyne Ideologie nicht, sondern reproduziere sie, wirft sie den »Slutwalk«-Aktivisten vor.

Da nun mal kein Mensch eine Insel ist, plädieren die »Slutwalk«-Aktivistinnen dafür, sich in Sorge umeinander zu Gruppen zusammenzuschließen: »Die Gruppe, in der du dich engagierst, kann dir extrem unter die Arme greifen, wenn ihr euch gegenseitig Umgebung gebt, in der Bedürfnisse klar ausgesprochen werden können. Wenn du bis jetzt Solo-Aktivist*in bist, dann suche dir vielleicht auch hier andere Gleichgesinnte.« Alles daran klingt vernünftig. Mancher wird freilich stutzen beim Wort »Solo-Aktivist*in«. Dabei hat auch Greta Thunberg im Dürresommer 2018 als Solo-Aktivistin vor dem Stockholmer Parlament mit dem Pappschild »Schulstreik für das Klima« angefangen. Allein saß diejenige am Anfang da, hinter der sich heute Millionen versammeln. Und doch verweist der Terminus »Solo-Aktivist*in« daneben auf eine beachtliche Ausdifferenzierung der Aktivismen heutzutage. »Everyone can be an activist«, sagt die Amerikanerin Terri Lyon. Als

Psychologin und »Mental Health Activist« unterstützt sie werdende Aktivistinnen und Aktivisten. Als »The Activist For Activists« gibt sie in ihrem Newsletter auch Tipps, »How To Be A Solo Activist«. Man kann, liest man dort, eben auch ganz einzigartige Ziele verfolgen und sich als Quasi-Solo-Selbstständiger für deren Verwirklichung einsetzen. Wer will, den nimmt die Frau aus Tennessee mit auf eine tour d'horizon, die »Aktivismus-Reise« – offenbar eine Variation der unter Firmen-Coaches sehr beliebten »Heldenreise«, die auf ein Blatt Papier mit Buntstiften zu malen man in innerbetrieblichen Fortbildungs-Seminaren gern freundlich ermuntert wird. Und siehe da: Die vierseitige Zeichnung einer solchen aktivistischen Held*innen-Reise von der ersten Massenaktion 2015 im Tagebau Garzweiler über die Blockade der Hambachbahn 2019 bis hin zum erhofften »System Change« irgendwann nach 2021 eröffnet 2022 die Flugschrift »We shut shit down« von »Ende Gelände«. Auffällig übrigens, wie oft die Wörter Held und Aktivist bzw. »Held*in« und »Aktivist*in« synonym verwendet werden. Aber es musste vielleicht erst der Postheroismus erfunden werden, damit sich in einer paradoxen Gegenbewegung eine regelrechte Helden-Explosion ereignen konnte.

Dass ein ungehemmtes Ausleben der eigenen Lust auch eine Möglichkeit ist, sich aktivistisch zu gerieren, stellen seit ein paar Jahren die Sex-Aktivisten unter Beweis. Eine Unterart davon bilden die »Ökosex-Aktivisten«, die sich die »Rettung der Berge, Seen und des Himmels« zur Aufgabe gemacht haben, »insbesondere durch Liebe, Freude und die Kräfte der Verführung«. So steht es in einer Deklaration der ökosexuellen Kämpfer »gegen die Vergewaltigung, den Missbrauch und die Vergiftung der

Erde«. Die ehemalige Pornodarstellerin und Performance-Künstlerin Annie Sprinkle ist zusammen mit ihrer kalifornischen Partnerin Elizabeth Stephens die Vorreiterin dieser gewöhnungsbedürftigen Idee. Manifestiert sich die Zuneigung der Ökosex-Aktivistinnen und -Aktivisten zu ihrer »Geliebten« Mutter Erde doch darin, dass sie die freie Natur ungefragt beschlafen und auch nicht davor zurückschrecken, Erd- oder Astlöcher zu penetrieren. Gut, die ökosexuelle Praktik des »schamlosen Umarmens« von Bäumen beherrscht heute selbst ein bayerischer Ministerpräsident, aber so hatte sich das ihr Aktivisten-Urahn Robert Müller wohl nicht vorgestellt, als er 1920 über den Aktivisten schrieb: »Er müht sich um die Aufforstung des Menschen.«

Ein anderer Typ Aktivist ist der von Kurt Hiller abschätzig sogenannte »Tatsächler«. Der nimmermüde Trendforscher Matthias Horx spricht mit Blick auf den schwedischen Datensammler Hans Rosling von einem »Guru des ›Faktivismus‹«. Anders als viele Aktivisten war der Faktivist Rosling nachgerade Anti-Alarmist. Obwohl er als humanitärer Aktivist und Mitbegründer der schwedischen Sektion von »Ärzte ohne Grenzen« gerade in Afrika viel Leid gesehen und bekämpft hatte, war er ein Optimist, kein Pessimist, und untermauerte seine Zukunftszuversicht mit Daten, die er in seinem posthumen Bestseller »Factfulness. Wie wir lernen, die Welt so zu sehen, wie sie wirklich ist« (2018) präsentierte.

Ein Kofferwort ist auch die angloamerikanische »lactivism«-Bewegung (lactation plus activism). Die Laktivistin setzt sich dafür ein, dass Mütter ihren Kindern in der Öffentlichkeit die Brust geben können und nicht aus Angst vor zu viel nackter Haut des Raumes verwiesen werden.

Merke: Selbst für das Recht auf Stillen kann man lautstark eintreten. Auch hippe Hedonisten versuchen sich als Lifestyle-Aktivisten. Den Start-up-Entrepreneuren Waldemar Zeiler und Philip Siefer, zwei Herstellern von veganen Kondomen und Bio-Tampons, hatte irgendwer die fixe Idee eingegeben, im Stil eines Town-Hall-Meetings die Welt retten zu können unter dem Motto »Unfck the world«. Ihr Café Größenwahn hieß Berliner Olympia-Stadion. Dort wollten sie im Sommer 2020 – unterstützt von viel Prominenz – und mit Zehntausenden Ticket-Zahlern ein riesiges »Demokratiefestival« veranstalten, »die größte Bürgerversammlung aller Zeiten«, für die man geneigt ist, das Akronym GröBaZ zu verwenden. Das Ganze scheiterte nicht nur an der Corona-Pandemie, sondern u.a. am Widerstand anderer mächtiger Aktivisten wie Jan Böhmermann, der das kommerzielle Spektakel mit seinen saftigen Eintrittspreisen in einem Tweet erledigte: »Hey, Entrepreneurs, wenn es euch wirklich um Umwelt, Gesellschaft, Nachhaltigkeit und Gerechtigkeit geht, warum macht ihr dann nicht eure superwoken Social Start-ups dicht und engagiert euch ohne Gewinnmaximierungsantrieb?« Auch Fernsehunterhalter wechseln eben gelegentlich ins aktivistische Fach. Oder sie geben Aktivisten eine TV-Bühne. Bei Joko Winterscheidt und Klaas Heufer-Umlauf konnten sie 2019 zur besten Sendezeit in fünfzehn Minuten für ihre Anliegen werben. So erreichten die Seenotretterin Pia Klemp, der Sozialarbeiter Dieter Puhl und die Aktivistin Birgit Lohmeyer, die in einem mecklenburgischen Dorf gegen Rechtsextreme und Fremdenhass kämpft, ein Millionenpublikum. Doch noch einmal zurück zu Waldemar Zeiler und Philip Siefer: Wären die beiden Mitte-Menschen doch besser »Nachtleben-Aktivisten« geworden.

Den Begriff verdanken wir Rainald Goetz, der ihn in »Abfall für alle« benutzt und zu Recht daran erinnert, dass »Nachtleben-Aktivisten« wie z. B. Party- oder Konzertveranstalter »den kollektiven Prozessen als Basis für ihre Arbeit verpflichtet geblieben sind«.

Das letzte Wort soll in diesem kursorischen Überblick derjenige haben, der auch das erste hatte: Peter Handke. In seinen jüngsten Aufzeichnungen »Innere Dialoge an den Rändern« aus den Jahren 2016 bis 2021 notiert Handke 2017 den wahrhaft wundervollen Satz: »Ein friedlich um sich Schauender: der ideale Aktivist.«

Als Aktivisten noch Kohlekumpel waren

Heiner Müller hat geschafft, woran Bert Brecht gescheitert ist: ein Stück über einen der ersten Aktivisten der DDR zu schreiben. Hans Garbe war ein Maurer, der 1949 in Berlin einen Ringofen bei laufendem Betrieb reparierte. Keine noch so große Hitze konnte ihn davon abhalten, bei voller Feuerung Stein auf Stein zu setzen, was bis dahin für schier unmöglich erklärt worden war. Eine Heldentat, und Helden der Arbeit hießen in der DDR: Aktivisten. Da der realsozialistische Stoff dem armen B. B. zu nicht mehr als einem Fragment anwachsen wollte, so dass er ihn irgendwann liegen ließ, nahm sich Heiner Müller zusammen mit seiner Frau Inge der Sache an und verfertigte 1956/57, angelehnt an die Geschichte Garbes, das Kurzdrama »Der Lohndrücker«. Literaturwissenschaftler zählen es zur Gattung der »Produktionsstücke«. Peter Hacks hat einen genaueren Ausdruck dafür gefunden. Es sei »ein beinahe geniales Aktivistenstück«, ließ er seinen Freund Hansgeorg Michaelis am 27. Februar 1957 wissen. Weil das die Staatsführung offenbar auch so sah, nahm die Lehrplankommission für Deutsche Sprache und Literatur bereits 1961 den »Lohndrücker« ins Pflichtlektüreprogramm der Berufsausbildung mit Abitur für das 1. Lehrjahr auf. »Ein glückliches Missverständnis«, kommentierte der Zyniker Müller 1992 in seiner Autobiografie »Krieg ohne Schlacht. Leben in zwei Diktaturen«.

Wer das »Heldendrama« (Müller) heute liest, entdeckt unter viel Ziegelstaub und ostzonalem Kantinenmuff eine zutiefst unsympathische Hauptfigur: Der Aktivist Balke ist gerade in seiner Eigenschaft als »Bestarbeiter« ein »Arbeiterverräter«, neudeutsch gesprochen ein Overperformer, der die Minderleister im volkseigenen Betrieb in ein schlechtes Licht rückt. Zudem verrät er, der schon eine Vorgeschichte als Denunziant hat, nun obendrein noch einen Saboteur an die Partei. Der »kühne Neuerer« und Kellenschwinger erblickt sein Konterfei zwar in der Zeitung, aber seine Kollegen grüßen ihn scheeläugig mit »Sieh mal an, der Aktivist«. Es gibt wohlklingendere Anreden. Gegen Ende lässt Müller seinen Balke sagen: »Sie haben gelacht über den blöden Aktivisten. Steine haben sie mir nachgeschmissen. Sie haben mich zusammengeschlagen auf der Straße. Ich werd ihnen was scheißen.«

Und so einer soll als Vorbild herhalten, als das Aktivisten in der DDR galten? Nur Spezialisten vermögen heute noch die diversen Ehrentitel der staatstreuen Arbeitsfrömmigkeit herunterzubeten: vom »Hervorragenden Jungaktivisten« über den »Verdienten Aktivsten« bis zum Aktivisten des Zwei-, Fünf- und Siebenjahrplans war einiges geboten. Medaillen wurden verliehen, Miniaturspangen ans Revers geheftet. Werktätige, die Norm und Plansoll übererfüllten, befanden sich als konkurrierende Leistungsträger im permanenten »Aktivistenwettbewerb« – der bundesrepublikanische Kapitalismus will einem angesichts dessen fast wie das Schieben einer ruhigen Kugel vorkommen. Wer im Statistischen Jahrbuch der DDR stöbert, staunt nicht schlecht: Gab es 1960 noch 96.941 Aktivistinnen und Aktivisten der sozialistischen Arbeit, waren es eine Dekade später bereits beachtliche 168.829 und 1980 gar deren 304.655. »Das große Lexikon des DDR-Alltags« (2002) gießt ein wenig Wasser in den Wein. Unter dem Lemma »Aktivist« liest man: »Mitunter wurde der Titel nicht immer nur dem zuerkannt, der tatsächlich Leistung erbracht hat, sondern dem, der die beste Darstellung seiner Leistung abliefern konnte.« Wie dem auch sei: So viele Aktivisten wie die Deutsche Demokratische Republik dürfte kein Land der Welt je wieder vorweisen können. Eine einzige Volksbewegung! Ein Paradies des Aktivismus, und so schön kampagnenfähig – v. a. wenn es gegen den sogenannten »Imperialismus« ging. Das muss auch der in den Vereinigten Staaten zeitweise inhaftierten afroamerikanischen Aktivistin Angela Davis stark imponiert haben. Gerade in der DDR war die Solidaritätswelle für sie besonders groß gewesen, und als sie 1972 aufgrund des weltweiten Protests gegen ihre unrechtmäßige Festnahme das Gefängnis in den USA wieder verlassen konnte, reiste sie zum Dank und wohl auch einigermaßen blind für die politischen Verhältnisse sogleich in jenen Staat, der die Postkarten-Aktion »Eine Million Rosen für Angela Davis« initiiert hatte. 1973 kam sie gleich noch mal nach Ostberlin, um an der Seite von Erich Honecker den Massen von der Tribüne aus zuzuwinken. Ob die Black-Power-Aktivistin wusste, dass der Aktivismus in der DDR sogar staatlich zertifiziert wurde? Im »Aktivistenausweis« ließ sich vorne Wilhelm Pieck als Präsident der DDR mit den weihevollen Worten zitieren: »Unsere Aktivisten an der Spitze aller schaffenden Menschen stellen jene Millionen dar, die in unserer Republik begonnen haben, selbständig Geschichte zu machen, die begonnen haben, die großen Potenzen zur Entfaltung zu bringen, die nach den Worten Stalins unser deutsches Volk befähigen, in fester Freundschaft mit den sowjetischen Völkern große Aktionen von Weltbedeutung zu vollbringen.« Schwer überbietbarer rhetorischer Bombast, aber was sagt man nicht alles bei einem Festakt zum »Tag des Aktivisten«. Einen solchen gab es naturgemäß auch in der DDR.

Er fiel auf den 13. Oktober, hatte doch am 13. Oktober 1948 ein Hauer namens Adolf Hennecke eine »bahnbrechende Tat« vollbracht. Der Bergmann muss laut Überlieferung anfangs Angst gehabt haben, zu seiner späterhin legendären Ausnahme-Förder-Schicht in den Karl-Liebknecht-Schacht des Lugau-Oelsnitzer Steinkohlenreviers einzufahren, weil so einer wie er von den Genossen gern mal als »Normbrecher« beschimpft wurde (wir erinnern uns an Balkes trauriges Schicksal), aber dann war Schicht im Schacht mit all der Bedenkenträgerei und Hennecke bohrte, was das Zeug hielt. Am Ende befanden sich auf der Lore statt der sonst üblichen 6,3 Kubikmeter außergewöhnliche 24,4 Kubikmeter – Kohle, wohlgemerkt. Anti-Kohle-Aktivisten unserer Tage mag das befremdlich erscheinen. Sie tun sich ja ohnehin schon schwer, die Kohlekumpel auf ihre Seite zu ziehen. Betrübt resümiert der »Ende Gelände«-Aktivist Maximilian im Buch »We shut shit down« (2022): »Wir haben uns über Jahre hinweg bemüht, eine solidarische Beziehung zu den Kohlekumpels aufzubauen, um gemeinsam gegen Konzerne zu kämpfen. Leider waren diese Bemühungen bislang nicht von Erfolg geprägt.« Doch zurück in die DDR: Damals war eben Aktivist und verdiente sich Sonderprämien, wer im Tagebau die Arbeitsnorm mit 387 Prozent erfüllte (was im Übrigen etwas weniger war als die fiktiven 400 Prozent des auch nicht faulen Ofen-Maurers in Müllers Aktivistenstück).

Wie von den Oberen beabsichtigt, löste der wundertätige Hennecke eine Massenbewegung aus, die jener seines sowjetischen Pendants Alexei Grigorjewitsch Stachanow, dessen Normübererfüllung 1935 eine Kampagne zur Steigerung der Arbeitsleistung einleitete, aufs Haar glich. Alle Welt, so insinuierte es zumindest die Staatspropaganda mitsamt ihren medialen Transmissionsriemen, wollte es nun Adolf Hennecke gleichtun. Die Barnstädter Schalmeienkapelle Grün-Weiß e. V. kann davon heute noch ein Lied singen. Auf Wunsch bläst und trommelt sie nach wie vor, wie ihrer Website zu entnehmen ist, den »Aktivistenmarsch«. Ein Akt der viel bestaunten, oft beraunten Ostalgie, darf man annehmen, ein Relikt des Kulturaktivismus. Als der unermüdliche Chronist und Archivar Walter Kempowski 1990 in die gerade untergehende DDR fuhr, um in seiner einstigen Heimat für das historische Gedächtnis künftiger Generationen zu retten, was nur ging, sammelte er auch Schallplatten mit »Liedgut, das in der DDR jetzt unverkäuflich ist«, wie er seinem Tagebuch »Hamit« anvertraute. Darunter »Schalmeienlieder (Aktivistenmarsch)«. Eine seltsame Koinzidenz: Just in jenem Jahr 1990 gab Hermann Kant, als Funktionär ein Vertreter des Systems, das Walter Kempowski 1948 bis 1956 im Bautzener Knast eingebuchtet hatte, dem »Spiegel« in fast schon rührendem Trotz zu Protokoll: »Ich lege Wert auf die Feststellung, dass ich ein Aktivist der DDR war, dass ich für die Herstellung eines lebbaren Sozialismus in diesem Lande gewesen bin.« Wie hatten die anderen den Aktivisten in Müllers »Lohndrücker« noch gerufen? Ach ja: »Lump«.

Journalismus und Aktivismus

Es ist ein Jammer. Niemand weiß, was Karl Kraus am 7. März 1920 im Mittleren Konzerthaussaal in Wien um »½ 3 Uhr« zum Thema »Der alte Aktivist« zu sagen hatte. Die Ankündigung zur sonntäglichen Vorlesung – es war seine 162. – findet sich in der »Fackel«, aber einen Abdruck derselben sucht man in der Werkausgabe vergeblich. Vielleicht müssen wir den Programm-Hinweis »Änderung und Kürzung vorbehalten« ernst nehmen. Womöglich entschied sich einer der größten Publizisten des frühen 20. Jahrhunderts einfach kurzfristig dagegen, über den Aktivismus zu sprechen.

Aufschlussreich wäre es in jedem Fall gewesen, den Autor darüber reden zu hören, der nicht unwesentlich zur Popularisierung des Schmähworts »Journaille« beigetragen hat, indem er 1902 diese von einem »geistvollen Mann« geborgte »werthvolle Bezeichnung« »dankbar dem Sprachgebrauch« überlieferte. Der Journaille gehörte der Schriftsteller Kraus auf seine Weise nolens volens auch an. Selten hat ein Publizist wortmächtiger seine Leser agitiert als der unermüdliche Österreicher in seiner Zeitschrift »Die Fackel«, in der er – darin eines Sinnes mit den deutschen Friedens-Aktivisten – gegen die mörderische Kriegstreiberei der Politik und v. a. auch der Medien zu Felde zog.

Da verwundert es nicht, dass Kurt Hiller ihn »als einen Führer der neu-moralischen Bewegung« schon 1913 in diese eingemeinden wollte. Karl Kraus aber trat der Glaubenskongregation nie bei. In seiner »Fackel« – seiner publizistischen One-Man-Show – machte er sich über Hiller mehrmals lustig. In einer anderen Zeitschrift, »Die Weltbrille«, einer Berliner »Kulturkritischen Monatsschrift«, der nur ein kurzes Leben beschieden war, legte ein gewisser Franz Leschnitzer 1928 schon mit der Überschrift seines Artikels nahe, dass den Aktivismus und Karl Kraus Welten trennten: »Der Aktivist und Karl Kraus«. Leschnitzer warb um den »messianischen Menschen« Kraus in jenem rettungslos überdrehten, von sich selbst erfüllten typischen frühen Aktivisten-Ton: »Die Glühend-Gütigsten, Klügsten, Benervtesten und Willenshärtesten – zu einer geistpolitischen Phalanx zusammenzuschließen, zu einer wirtschafts- und kulturrevolutionären Elite, zu einer antimilitaristischen Miliz, welche die alten, ewigen Ideen der Freiheit und der Gerechtigkeit mit zäher Aktivität durchzusetzen begänne, ... dies erhabene Experiment, dem Kurt Hiller sein Leben geweiht und den Namen AKTIVISMUS geschenkt hat, kann glücken.« Das aber sah Karl Kraus völlig anders.

1920 mokierte er sich scharfzüngig über die von ihm oft abfällig apostrophierten »Aktivisten«, sie wendeten »sich, da in ihnen ja doch keine andere Flamme als die des Ehrgeizes brennt, den Geschäften der Völkerbefreiung zu und behaupten, dadurch, dass sie dem alten Pathos nicht gewachsen sind, zu einem neuen gekommen zu sein«. Den bekanntesten Aktivisten seiner Zeit, seinen Landsmann Robert Müller, kanzelte Kraus 1921 als »einen der dynamischesten Nichtskönner der neueren Literatur« ab.

Das war reine Verachtung, dargebracht in der »Sprachgewalt eines K. K.« (Hiller). Kraus konnte sich nicht mehr wehren, als Hiller acht Jahre nach seinem Tod dekretierte: »Kraus, so sardonisch er es selber bestritten hätte, war Aktivist. Versicherte er auch, [...] er könne und wolle die Welt nicht ändern – so war er trotzdem Aktivist, und sei es einer wider Willen.«

In dieser Frage möchte man Hiller ausnahmsweise zustimmen, wenn man von den Kraus verhassten einzelnen Personen abstrahiert. Kraus war als Publizist aus heutiger Sicht de facto eine Art Solo-Aktivist, ein »Medien-Aktivist«, auch wenn er sich nicht so nennen wollte. Er verfolgte eine Mission, er wollte in »Die letzten Tage der Menschheit« die apokalyptischen Gräuel auf den Schlachtfeldern des Ersten Weltkriegs anprangern, die Intrigen der Regierung, die verlogene Propaganda der von ihm so gezihenen »Pressmaffia« – und er hatte damit enormen Erfolg. In seiner unnachgiebigen Presseschelte ging er allerdings so weit, berühmte journalistische Aktivisten wie z. B. Egon Erwin Kisch gegen sich aufzubringen. Ein rasender Reporter der anderen Art – rasend vor Wut – tritt uns etwa in Kischs Text »Karl Kraus« entgegen. Es ist nicht der einzige, in dem sich der »junge Schmock« (Kraus über Kisch) mit dem »alten Schmock« (Kisch über Kraus) extrem kritisch auseinandersetzt und in der Kunst der ausschweifenden Beleidigung übt. Über die »Karl-Kraus-Kultusgemeinde« und deren »Jüngerschaft« schreibt Kisch in dieser Polemik aus dem Nachlass, sie hätten die neueste Hervorbringung ihres Herrn und Meisters »in ihrer hysterischen Hingebung an Karl Kraus« quasi hostienhaft entgegengenommen: »Wie sie am Erscheinungstag der ›Fackel‹ das rote Heft in Empfang nahmen! Außerstande, die Konsumierung auch nur eine Weile aufzuschieben, vollzogen sie den Akt auf der Straße mit herausgequollenen Augen und wollüstig verzerrtem Gesicht.«

Die Abneigung beruhte auf Gegenseitigkeit, und man wird diese Jahrzehnte während Fehde nur unzureichend verstehen, wenn man sie darauf zurückführt, dass Kraus die Berufsbezeichnung »Reporter« »als das ärgste Schimpfwort verwendete« (Kisch) und Kisch damit »wiederholt erledigt« hatte. Reporter als »Kehrichtsammler der Tatsachenwelt« (Kraus) herabzuwürdigen, das konnte Kisch, dem Meister der literarischen Reportage, naturgemäß überhaupt nicht gefallen. Aber es gab da noch diese andere Geschichte, die Kraus in der »Fackel« aufgespießt hatte. Kisch wird sich wiedererkannt haben in einem der namentlich nicht näher bezeichneten »Buben«, die sich laut Kraus 1919 »hinter dem Ofen einer Kriegskanzlei in Aktivisten verwandelt« hatten. Der »Prager Journalist E. Kisch« (Kraus) war 1917 nach einer schweren Verwundung Mitglied des k. u. k. »Kriegspressequartiers« in Wien geworden, der Propaganda-Abteilung der Habsburgermonarchie fern der Front. Er war beileibe nicht der einzige Literat. Auch Franz Werfel, Rainer Maria Rilke, Stefan Zweig, Hugo von Hofmannsthal und Alfred Polgar verdingten sich dort in der Wiener Stiftskaserne. Ihr Vorgesetzter war ebenfalls ein Schriftsteller: Robert Musil.

Rückblickend erinnerte sich Kisch, »nie ein Wort von Heerführerverhimmelung, Patriotismus oder Sieg geschrieben« zu haben. Wie glaubwürdig auch immer man diese Selbsteinschätzung finden mag, fest steht, dass Kisch den vergleichsweise ruhigen Dienst im Durchhalteparolen produzierenden Kriegspressequartier dazu nutzte, sich aktivistisch in anderer Richtung zu betätigen. Ihm stand der

Sinn nach Umsturz, und so widmete er sich »dem sozial-revolutionären Gedanken« und begründete 1918 die Wiener Rote Garde mit, um sie sodann auch zu befehligen. Er scharte ein paar Tausend aufständische Soldaten um sich, warf sich als Redner in die Brust und ging anschließend ins Kaffeehaus. Als Journalist war er auch hier tätig, redigierte er doch »Die Rote Garde«, die ständige Beilage für Soldaten in der Wochenzeitschrift »Der Freie Arbeiter«, dem Organ der Föderation Revolutionärer Sozialisten. Sein militärischer Vorgesetzter Robert Musil notierte am 2. 11. 1918 in seinem Revolutionstagebuch, »K.« sei »ganz heiser« und »fahrig« geworden, man könne »keine zwei zusammenhängenden Sätze« aus ihm herauskriegen. »Hysterisch« wirke er, »um jeden Preis bemüht, sich in den Mittelpunkt einer Staatsaktion zu bringen«. Und dann schrieb Musil, der selbst mit der aktivistischen Bewegung zu jener Zeit sympathisierte und in diesem Jahr Mitunterzeichner eines von Kurt Hiller initiierten aktivistischen Manifests des »Politischen Rats geistiger Arbeiter« war, jene Worte, die schon andeuteten, dass Oberleutnant Kisch ins Lager der Aktivisten gewechselt war: »Geist vom Geiste des Expressionismus. (Vielleicht gehört solche Lust am Theaterspiel aber zu den Vorbedingungen einer historischen Rolle).«

Robert Müller, der damals auch im Kriegspressequartier arbeitete und der ebenso Journalist war, bevor er zum Führer der aktivistischen Bewegung Österreichs wurde, hatte 1920 in Hillers Zeitschrift »Das Ziel« erklärt, dass der Aktivist »das fliegende Korps des Expressionismus« sei: »Der Aktivist ist eine Abspaltung des Expressionismus: seine rechte Hand. Er sucht zu vereinfachen, sucht die Politik mit den natürlichen Mitteln künstlerischen Schaffens auf die Höhe der höchsten schöpferischen Werte zu heben. Der landläufige Berufspolitiker wirft ihm vor, dass er den politischen Apparat durch Forderungen verwickle, die aus der Literatur bezogen sind. Aber er fordert ja nichts anderes, als dass Politik zumindest ebenso reinlich aus dem Menschen quelle wie die Kunst.« Vier Jahre später beging Robert Müller Selbstmord. »Sein ›Aktivismus‹«, rief ihm sein zeitweiliger Weggefährte Robert Musil am 3. September 1924 in der »Prager Presse« nach, »war echt und tief; aber in der Durchführung kochte oft die Küche statt des Gerichts«. Dann bedachte der eine Robert den anderen noch mit einem weiteren reichlich zweifelhaften Lob: »Er dachte immerzu, aber er dachte niemals nach, weil ihm das ›Nach‹-, das Hinterdreindenken, während die Welt davonrast, wie ein dummer Verlust vorkam.« Man hat schon warmherzigere Nekrologe gelesen.

Rund hundert Jahre später wird der Aktivismus in der österreichischen sowie auch in der deutschen und internationalen Presse-Landschaft erneut heftig diskutiert. Die rein rhetorische Frage, ob es sich bei Journalismus und Aktivismus zwangsläufig um ein Gegensatzpaar handeln muss, wird immer vernehmlicher gestellt, gerade von Jüngeren. Und die Antwort lautet immer öfter: nein. Anna-Beeke Gretemeier und Florian Gless, die damaligen Chefredakteur*innen des »Stern«, ließen sich vom Branchenblatt »Horizont« 2021 mit den denkwürdigen, weihevollen Worten zitieren, ein Cover wie jenes, das zum Impfen als »Akt der Nächstenliebe« aufrief oder eine Ausgabe, die von »Fridays for Future«-Aktivisten mitgestaltet wurde, empfänden sie »als aktivierenden Journalismus« und damit »als modernen Journalismus, der hilft. Der weitergeht und der sein Handwerkszeug nutzt, um Möglichkeiten des Engagements und zur Lösung aufzuzeigen und selber mit anzupacken.« Man kann diesem Interview entnehmen, dass diese Journalisten sich als »Treiber« der gesellschaftlichen Transformation verstehen. Doch wollen sie nicht allein die Debatte mit meinungsstarken Beiträgen boostern, was immer schon Sache der Journalisten war, sie wollen sich »für das Gelingen unserer Gesellschaft einsetzen«. Muss man sich Redaktionssitzungen jetzt wie Kirchentage vorstellen? Ganz ernsthaft erwidern Anna-Beeke Gretemeier und Florian Gless auf die Frage, wie weit sie dabei gehen wollten: »Was wäre so verwerflich daran, wenn der Stern eine journalistische Hilfsorganisation würde?« Noch schärfer hatte das nur der amerikanische Aktivist und Investigativ-Reporter Glenn Greenwald gesagt, der weltbekannt wurde durch seine Zusammenarbeit mit dem Whistleblower Edward Snowden. Er spricht nicht allein von einer »falschen Dichotomie« zwischen Journalismus und Aktivismus. Am 30. Juni 2013 ließ sich Glenn Greenwald in einem Artikel der »New York Times« mit den gesetzestafelgleichen Worten zitieren: »Nicht alle Aktivisten sind Journalisten, aber alle richtigen Journalisten sind Aktivisten.«

Ein befremdliches Apodiktum, das in dieser Endgültigkeit wohl selbst der ausgewiesene journalistische Aktivist Egon Erwin Kisch nicht formuliert hätte. Kisch hatte zwar 1935 die Reportage als Kunstform wie auch als »Kampfform« gepriesen, aber 1924 bereits im Vorwort zu seinem Buch »Der rasende Reporter« ein freilich allzu oft nicht eingelöstes Ideal formuliert: »Der Reporter hat keine Tendenz, hat nichts zu rechtfertigen und hat keinen Standpunkt. Er hat unbefangen Zeuge zu sein und unbefangene Zeugenschaft zu liefern, so verlässlich, wie sich eine Aussage geben lässt, – jedenfalls ist sie (für die Klarstellung) wichtiger, als die geniale Rede des Staatsanwalts oder des Verteidigers.« In die Rolle des Prosekutors, des Anklägers wie auch v. a. des Anwalts der für gut befundenen Sache verfällt der Journalismus knapp hundert Jahre später nur allzu gerne. Als der amerikanische Internet-Aktivist Jacob Appelbaum – auch er ein Vertrauter Edward Snowdens – 2014 die einst nach Kisch benannte Auszeichnung erhielt, die 2005 im neugeschaffenen Henri-Nannen-Preis aufgegangen war, nahm er die Ehrung zwar an, gab sie aber wenige Tage »beschämt« zurück. Appelbaum war zu Ohren gekommen, dass der Verleger Henri Nannen zur Zeit des Nationalsozialismus als Journalist in einer Kriegspropaganda-Kompagnie gearbeitet hatte – was Nannen nie abgestritten und durchaus problematisiert hatte. Jacob Appelbaum skandalisierte also eine alte Kamelle.

So wie im Frühjahr 2022 auch das Rechercheformat des NDR, STRG_F, das die antisemitischen Flugblätter aus Nannens Propagandakompagnie erneut thematisierte. Ergebnis: Der Henri-Nannen-Preis, formerly known as Egon-Erwin-Kisch-Preis, wurde 2022 ein weiteres Mal umgewidmet in »Stern-Preis«. Eine eher unbefriedigende Interims-Lösung, hatte doch der Medienhistoriker Tim Tolsdorff aufgedeckt, dass das von Nannen 1948 begründete Magazin »Stern« einen direkten Vorläufer in der gleichnamigen NS-Illustrierten hatte, die 1938 und 1939 erschien. Tolsdorff: »Die Gemeinsamkeiten beginnen mit dem gleichlautenden Titel und setzen sich fort beim Logo. Außerdem hat Nannen Layoutelemente und ganze Rubriken übernommen. Identisch ist auch die inhaltliche Konzentration auf Geschichten, die nah am Menschen sind und insbesondere das Leben von Prominenten beleuchten. Zusammen bildeten Titel, Layout und Inhalte so etwas wie

Korsettstangen, die nach dem Krieg Leser, die das alte Produkt noch kannten, an das neue Produkt herangeführt haben.« Bemerkenswerte historische Kontinuitäten.

Wie dem auch sei: Man darf es als Zeichen der Zeit werten, dass 2020 ein Youtuber den Henri-Nannen-Preis zugesprochen bekam. Rezo wurde für sein »Webprojekt« »Die Zerstörung der CDU« prämiert, »eine nicht besonders subtile Wahlempfehlung für die Grünen«, wie die ihm durchaus wohlgesonnenen Autoren Raul Krauthausen und Benjamin Schwarz meinen in ihrem Buch »Wie kann ich was bewegen? Die Kraft des konstruktiven Aktivismus«. Der Henri-Nannen-Preis – vergeben von der Chefredaktion des Stern – war eine umstrittene Wahl, für die der Rezo vorschlagende Publizist Richard David Precht diese überraschende Begründung fand: »Waren die Urgesteine des alten Journalismus nicht auch Aktivisten? Ob Rudolf Augstein, Marion Gräfin Dönhoff oder Joachim Fest: weltanschaulich neutral war da niemand.« Der Fernsehphilosoph als terrible simplificateur: Würde man Parteilichkeit automatisch mit Aktivismus gleichsetzen, wäre jeder Leitartikler ein Aktivist. Jeder Mensch, der eine Redaktion von innen hat kennenlernen können, weiß, dass dort jeweils sehr unterschiedliche Meinungen zur Einordnung des Weltgeschehens zirkulieren. Vielköpfige Redaktionen sind keine Kommandos gehorchenden Kampfverbünde, und auch wenn Rudolf Augstein den fragwürdigen Satz in die Welt setzte, der »Spiegel« sei »das Sturmgeschütz der Demokratie«: als Teil einer Befehle empfangenden und ausführenden Soldateska wird sich heute wie damals mit Sicherheit kein Journalist verstehen wollen. Die Berufsbezeichnung Journalist ist bekanntlich nicht geschützt, folglich dürfte sie auch Rezo für sich in Anspruch nehmen. Mal abgesehen davon, dass der mit einem der renommiertesten Journalistenpreise der Republik bedachte Rezo für sich die Bezeichnung »Aktivist« strikt ablehnt – darin ähnelt er seinem printmedialen Vorfahr, dem Einzelkämpfer Karl Kraus, schon sehr –, hatte der sozialmediale Influencer kurz nach der Ehrung nichts Besseres zu tun, als in bewährter Destroyer-Manier und – darin nun wiederum Kraus vollkommen unähnlich – mit beschränktem Ausdrucksvermögen zum Rundumschlag »Die Zerstörung der Presse« auszuholen. Man konnte dies als verräterische oder untreue Geste auffassen: als echten »31er snitch«, um einen jugendsprachlichen Begriff daraus zu zitieren. Es lohnt sich, dieses Video anzuschauen. Will es doch, wie Rezo darin sagt, »das Journalismus-Game aufs nächste Level bringen«.

Das misslingt auf geradezu fulminante Weise. Rezo betreibt hier allem vorgeblichen Willen zur Differenzierung zum Trotz pauschale Medienschelte, wirft »FAZ, Bild und Welt« in einen Topf und versteigt sich zu dem Satz: »Es gibt sehr nachvollziehbare Gründe, weshalb etablierte Zeitungen teilweise verachtet werden.« Really, mochte man da in der Rezo eigenen Diktion fragen. In einer Zeit, in der Donald Trump das Feindbild Main- und »Lamestream-Media« penetrierte und selbst das deutsche Wort »Lügenpresse« in den Vereinigten Staaten Verbreitung fand, war es unter Umständen nicht der coolste Move, ja eher »sackgefährlich« denn »sacksmart«, seinerseits immer wieder von der »etablierten Presse« zu sprechen, »Presseleute« mit »Verschwörungsleuten« gleichzusetzen und dann ganz im Ton der »Verschwörungsdullis« von »reichen Redakteuren« zu raunen. Wieder ein paar Wochen später fand der erklärte »kleine Kecko« Rezo aus seinem Wohnzimmer ins Fernsehstudio Richard David Prechts und gestand unumwunden, die »etablierte Presse« eher selten zu konsumieren. Statt von Lesern oder Zuschauern sprach er von »Followern« und attestierte seiner »Bubble« eine höhere Mündigkeit in ihrem Medienkonsum als den älteren Abonnenten von Holzmedien.

Evident und durch Shares messbar scheint bei der Generation der Millennials indes vielmehr eine enorme Hörigkeit ihren Idolen gegenüber zu sein. Von großer Skepsis oder gar Widerworten der Rezo-Gefolgschaft gegenüber der durchaus auch manipulativen Präsentation seiner millionenfach geklickten Zerstörungs-Videos war bisher jedenfalls nicht viel zu registrieren. Ob er sich seiner Meinungsmacht bewusst ist? Bisweilen hat man den Eindruck, da will einer nur ein bisschen mitspielen im »Journalismus-Game«. Wenn es zu anstrengend werden sollte, kann man ja immer noch Musik machen und dorthin zurückkehren, wo alles angefangen hat. Vorerst aber hat der Pastorensohn Geschmack an der aktivistischen Sache gefunden. Nach dem Europawahlkampf 2019 schaltete sich der 29-Jährige 2021 mit neuen Videos in den Bundestagswahlkampf ein und begann auch diese Predigten von der Youtube-Kanzel mit den immergleichen Worten: »Ja, es ist wieder Zeit für so ein Video.«

»Das ist weder journalistische Berichterstattung noch klassischer Aktivismus. Und doch ist die politische Wirkung enorm«, schreiben anerkennend die Autoren der Fibel »Wie kann ich was bewegen? Die Kraft des konstruktiven Aktivismus«. Nicht nur der Aktivismus gibt sich neuerdings gern konstruktiv, auch der Journalismus. Man ist der vielen »Negativschlagzeilen« und dem alten Mantra »Only bad news are good news« offenbar selbst im journalistischen Betrieb müde geworden und will bei all dem Schlechten auf der Welt lösungsorientiert auch über das Gute berichten. Als Pionierin in der deutschen Presselandschaft darf da die taz gelten. Ausgerechnet an Pfingsten erschien 2009 ihre Sonder-Ausgabe »Heute nur gute Nachrichten. Menschen, Unternehmen und Genossenschaften, die anders wirtschaften und anders leben – gute Beispiele aus aller Welt und ein Entwurf für 2029«. Der darin mitschwingende motivierende Geist hat natürlich leicht aktivistische Untertöne. Als unfreiwilliger Urvater des konstruktiven Journalismus darf der Journalist, Lyriker und Romancier Erich Kästner gelten, der einem seiner Gedichte 1930 den Titel »Und wo bleibt das Positive, Herr Kästner?« gegeben hat. Man kann beim Verfasser des Epigramms »Es gibt nichts Gutes, / außer: Man tut es« leicht auf aktivistische Gedanken kommen. Allein, der ironische Spötter Erich Kästner hatte weder mit dem konstruktiven Aktivismus noch mit einem ebensolchen Journalismus je was am Hut.

Besser scheidet man die Dinge voneinander in ihrem beiderseitigen Interesse. Es gibt triftige Argumente dafür, sich als Journalist jedwedem Aktivismus zu verweigern. Tut der Journalist es nicht, trägt er gerade zur Verhärtung jener Fronten, jener Polarisierung bei, deren Existenz er beklagt. So sagt es auch der einstige SZ-Reporter Birk Meinhardt, übrigens ein zweimaliger Egon-Erwin-Kisch-Preisträger, der sich just in jener Zeit vom Journalismus lossagte, als der sich immer aktivistischer gerierte. Meinhardt ist in der DDR aufgewachsen, er kennt den staatstreuen ostdeutschen Aktivismus noch aus eigener Anschauung, die die zuverlässigste aller Weltanschauungen ist. Die heutzutage so populäre Rede von der richtigen »Haltung«, so schreibt er es in seinem Abschiedsbuch »Wie ich meine Zeitung verlor« (2020), sei in ihren Auswirkungen fatal und überdies auch »ganz falsch«: »Wenn's eine Haltung wäre, was Selbstdurchdachtes und Selbsterarbeitetes, was vielleicht unter Mühen Erworbenes, was Eigenständiges, würden doch von den Individuen so große Teile der Realität nicht so gemeinschaftlich, so geschlossen, so uniform ausgeblendet werden; so identisch zeigen sich eigentlich nur Späne, die sich nach dem Magneten ausrichten, heiliger Journalismus, und wenn der Magnet, aus welchen Gründen auch immer, seine Lage verändert, folgen die Späne wieder, sie folgen.« Meinhardt folgte als Journalist lieber einer Maxime, die er aus Peter Handkes Aufzeichnungen »Am Felsfenster morgens (und andere Ortszeiten 1982–1987)« übernommen hatte. Nun ist der Journalistenhasser Handke, der Fakten in Abrede stellt, in diesem Zusammenhang ein äußerst fragwürdiger Gewährsmann, aber die von ihm angeführte Maxime, an die er selbst sich oft genug nicht gehalten hat, ist bedenkenswert: »Nüchtern sei und Misstrauen übe – das sind des Geistes Gelenke.« Ein Wahlspruch, der auf den Komödiendichter Epicharmos zurückgeht.

Heinrich Böll, ein anderer Nobelpreisträger, gab sich auch sehr altgriechisch, als er die Laudatio auf den Aktivisten und Journalisten Rupert Neudeck hielt am 23. Oktober 1984. Neudeck erhielt damals in Dänemark den Jens-Bjørneboe-Preis, und Böll sagte: »Ich möchte darauf hinweisen, dass das griechische Wort, von dem das Wort ›Poesie‹ abstammt: ›poiein‹, sehr viele Bedeutungen hat. Nur eine davon und gar nicht die wichtigste heißt dichten und erdichten. Die wichtigsten Bedeutungen haben mit ›Machen‹ zu tun und mit ›Tun‹, etwas tun. Ich möchte darauf aufmerksam machen – indem ich diesen Preis gleich an Rupert Neudeck übergebe – auf die Poesie des ›Tuns‹.« Rupert Neudeck, 1977–1997 Deutschlandfunk-Redakteur und Gründer der Boatpeople-Rettungsaktion »Cap Anamur«, ist ein gutes Beispiel dafür, wie Aktivismus und Journalismus zusammenfinden können – indem sie strikt auseinandergehalten werden. Neudeck war tagsüber Redakteur der Abteilung »Politisches Feature« beim DLF in Köln. Am Feierabend und am Wochenende engagierte er sich als Flüchtlingshelfer. Ähnlich Gerd Ruge, dessen Tätigkeit als Korrespondent der ARD nie davon tangiert war, dass er 1961 der Mitbegründer der deutschen Sektion von Amnesty International war. Aktivismus, das war eine Nebentätigkeit, die nicht vermengt wurde mit dem journalistischen Beruf. Deshalb mag mancher, der nur den seriösen Auslands-Berichterstatter vor Augen hatte, überrascht gewesen sein, auch vom Aktivisten Ruge zu lesen, als er 2021 starb.

Neudeck hatte promoviert über die politische Ethik bei Albert Camus und Jean-Paul Sartre. In seiner Doktorarbeit zeigte er sich beeindruckt von deren Verwurzeltsein im »romanisch-politischen Aktivismus«. Das klang fast ein wenig nach jenem »romanischen Elan«, den Robert Müller 1920 en passant auch beschworen hatte. Als Rupert Neudeck 2016 starb, rief die große Journalistin Bettina Gaus dem »unermüdlichen Aktivisten« in der taz nach: »Der Aktivist – wenn es das Wort nicht schon gäbe, es müsste für ihn erfunden werden!«

Was tun, sprach Beuys.
Über Artivismus

Wenn Kunst und Aktivismus miteinander verschmelzen, entsteht »Artivismus«. Es ist nicht ganz klar, wer diesen Neologismus geprägt hat. Der österreichische Kunsttheoretiker (und kulturelle Aktivist) Peter Weibel nahm das Wort jedenfalls als einer der Ersten in den Mund und stellte 2013 vollmundig fest: »Der aus der Verbindung von Aktivismus und Kunst entstehende ›Artivismus‹ ist vielleicht die erste neue Kunstform des 21. Jahrhunderts.« Tatsächlich hat er in den vergangenen Jahren eine erstaunliche Karriere hingelegt, abzulesen z. B. an der Tatsache, dass 2021 der bedeutendste britische Kunstpreis, der Turner Prize, einem artivistischen Kollektiv aus Belfast zugesprochen wurde. Das elfköpfige »Array Collective« hat sich die Beilegung des Nordirland-Konflikts auf die Fahnen geschrieben, und zwar ganz wörtlich. Flaggen und Transparente von Demonstrationen hängen an der Zimmerdecke ihrer preisgekrönten Installation »The Druithaib's Ball«. Der Raum ist der Nachbau eines Pubs, der als Begegnungs- und Versöhnungsstätte verfeindeter Konfessionen fungiert. Katholiken, Protestanten – alle sind darin gleichermaßen wertgeschätzt. »Ein Versammlungsort jenseits der sektiererischen Spaltung« – man möchte es Willkommenskunst im Geiste der Konkordanzdemokratie nennen. Getrübt wurde die heilige Eintracht der Preisverleihungsgala in Coventry jedoch durch den ihr vorausgegangenen Protest einer anderen nominierten Artivisten-Gruppe (es waren ausschließlich Kollektive unter den Shortlist-Finalisten). Das »Black Obsidian Sound System« – eine Gruppe schwarzer, queerer, nonbinärer und trans Aktivisten mit dem entscheider*innenhaft anmutenden Akronym »B.O.S.S.« – hatte sich von der ausrichtenden Tate Gallery »instrumentalisiert« gefühlt. Die Mitglieder von »B.O.S.S.« hielten in einer Protestnote ihren Eindruck fest, man wolle mit ihrer Nominierung vom falschen Umgang der Tate mit einer anderen schwarzen Künstlerin – und Aktivistin – namens Jade Montserrat ablenken, ja diesen vertuschen. Sie hatte der Tate vorgeworfen, angebliche rassistische und sexistische Übergriffe gegen sie und andere nicht weiße Künstler unter den Teppich kehren zu wollen. Das sei Silencing.

Merke: Ein Aktivist kommt selten allein. Artivismus ist schließlich Sozialarbeit, neudeutsch Care-Arbeit. Der Künstler als Kümmerer. Man begreift sich, mit den Worten einer weiteren 2021 prämierten artivistischen Künstlergruppe, als »ein Safe Space, der andere Organisationen, Aktivist*innen und Künstler*innen schützt und verbindet und wie ein Organismus funktioniert, der atmet, fühlt, reagiert und erinnert«. So definiert das kubanische Künstlerkollektiv »Hannah Arendt Institut für Artivismus« (INSTAR) mit seiner Gründerin Tania Bruguera seine Mission. Die documenta-Stadt Kassel ehrte INSTAR 2021 mit dem Arnold-Bode-Preis. 2015 in Havanna als »konsensorientierter Raum« gegründet, setzt sich Instar mit künstlerischen Mitteln für den Aufbau der Demokratie im karibischen Inselstaat ein: »Wir fordern soziale Gerechtigkeit und Rechte, an denen es in Kuba bisher mangelt, wie faire Löhne, Vereinbarkeit von Mutterschaft und Beruf, Unterstützung von unabhängigen Projekten und Künstler*innen sowie Achtung der Meinungsfreiheit und wollen ein Projekt aufbauen mit Menschen, die anders denken, aber ein Land für alle schaffen wollen.« Als Namenspatronin Hannah Arendt zu nehmen, rührt vielleicht auch daher, dass von der Philosophin aus dem Jahr 1972 ein Satz überliefert ist, mit dem sie die Studenten-Proteste der 68er begrüßte: »It turned out that acting is fun.«

Handeln macht Spaß, und dass »Acting« im Englischen auch die Bedeutung »Schauspielern« hat, will einem angesichts des Straßentheater-Charakters der 68er-Bewegung durchaus passend erscheinen. 1968 geboren, hat Tania Bruguera ihrer Gruppe Arendts Namen aber hauptsächlich deshalb gegeben, weil der Gründungsakt derselben eine Intervention in Form einer hundertstündigen Lesung und Diskussion von Arendts Klassiker »Ursprünge und Elemente totalitärer Herrschaft« war. 2022 ist das »Instituto Artivismo Hannah Arendt« auf der documenta XV vertreten. Was für ein Unterschied noch zur documenta VI 1987: Damals war das feministische Künstlerkollektiv »Guerrilla Girls« explizit nicht eingeladen worden, in Kassel auszustellen. Dennoch nahmen die New Yorker Aktivistinnen teil: mit ihrer Plakat- und Flyer-Aktion »Why in 1987 is documenta 95 % white and 83 % male?« wandten sie sich gegen die Ausgrenzung von Frauen und People of Color.

2022 hingegen kuratierte ein Kunstkollektiv die fünfzehnte Ausgabe der documenta: ruangrupa aus Jakarta.

Auch dies ein artivistisches Non-Profit-Projekt: Die Ziele lauten, ganz im Stile eines politischen Gipfel-Kommuniqués gehalten: gemeinschaftlicher und nachhaltiger Ressourcenaufbau. Das Konzept orientierte sich dabei an der agrikulturellen Idee der gemeinsam genutzten Reisscheune (lumbung), in der in ländlichen Gebieten Indonesiens die überschüssige Reis-Ernte gelagert und gerecht verteilt wird. Auch für ruangrupa (was sich mit »Raum der Kunst« übersetzen lässt) ist klar: Eine bessere Welt ist möglich. Farid Rakun und Ade Darmawan von ruangrupa richten das Augenmerk »auf heutige Verletzungen«. »Insbesondere solche, die ihren Ausgang im Kolonialismus, im Kapitalismus oder in patriarchalen Strukturen haben. Diesen möchten wir partnerschaftliche Modelle gegenüberstellen, die eine andere Sicht auf die Welt ermöglichen.«

Dieses Projekt ist in Kassel gründlich gescheitert. Kurz nach der Eröffnung der 100-Tage-Weltkunst-Schau sorgte die Installation eines riesigen Transparents mit eindeutig antisemitischer Bildsprache für einen handfesten Skandal. Das 20 Jahre alte Wandgemälde »People's Justice«, das, kaum aufgebaut, rasch wieder verhüllt und dann abgehängt wurde, war ein Machwerk des indonesischen Kollektivs »Taring Padi«, das sich selbst als »Institut für bürgernahe Kultur« bezeichnet. 1998 wurde es laut documenta-Website von »einer Gruppe progressiver Kunststudierender und Aktivist*innen« gegründet. Sein Twitter-Profil ziert ein Dreiklang in Versalien: »ART ACTIVISM ROCK N ROLL«. Joseph Beuys hätte es angesichts dieser Selbstdemontage der documenta vermutlich geschaudert. Der Urvater des Artivismus wird von Aktivisten gern mit einem Diktum zitiert, das uns an die prinzipielle selbstbestimmte Wandelbarkeit von allem erinnert: »Die Zukunft, die wir wollen, muss erfunden werden, sonst bekommen wir eine, die wir nicht wollen.«

Deshalb hatte Beuys auf der documenta VII 1982 die bis heute legendäre Pflanzaktion »7000 Eichen – Stadtverwaldung statt Stadtverwaltung« begonnen, die als veritabel nachhaltiges Kunstwerk den Bogen zur documenta VIII fünf Jahre später und bis in unsere Gegenwart schlagen sollte. »Die Aktivisten wurden den ganzen Tag von Palaverern unterstützt. Wie das klappte«, freute sich Norbert Scholz, ein Mitarbeiter im Koordinationsbüro »7000 Eichen« im Rückblick. Freilich, auch so eine großflächige Begrünung (und die Beteiligung daran) bedarf der Begründung. Joseph Beuys erklärte in einem Gespräch mit dem Kunstkritiker Achille Bonito Oliva: »Zum Beispiel war ich nie der Ansicht, dass es ausreichen würde, die Leute in oberflächlicher Weise an einer Aufführung zu beteiligen, indem ich sie zu einem Aktivismus verleite, der ihnen gar nichts bringt. Ich glaube auch, dass die Aktivierung des Menschen viel größere Energien verlangt. Im Grunde muss der ganze kreative Prozess in Gang gesetzt werden, der Mensch darf sich nicht in irgendeine Aktivität flüchten; indem er etwas kaputt macht, herumschreit, etwas zerstört. Ich hatte nie die Hoffnung, dass etwas in dieser Art den Menschen befreien würde, ganz im Gegenteil. Ich habe mir von einem äußerlichen Aktivismus nie etwas versprochen.« Aber was war sein Friedens-Song »Sonne statt Reagan«, die der Grünen-Mitbegründer Beuys 1982 sang und dabei das Mikrofon auf unnachahmliche Weise schwang, anderes als musikalischer Aktivismus? Vielen ist dessen holpriger Refrain heute noch im Ohr: »Doch wir wollen: Sonne statt Reagan / ohne Rüstung leben«.

Was Joseph Beuys wohl zum »Bad Beuys Go Africa«-Streich des Kunstkollektivs »Frankfurter Hauptschule« sagen würde, dem vermeintlichen Raub einer seiner »Capri-Batterien« und deren »Rückführung« nach Tansania? Als ein Beitrag zur Restitutionsdebatte um zu Unrecht in deutschen Museen lagernde Kunstwerke verstand sich die Guerilla-Aktion 2020. Auf Youtube ist die aufwendig gefilmte fingierte Entwendung und »Rückgabe« des Zitronen-Glühbirnen-Multiples an die Nachfahren der von den deutschen Kolonialherren einst unterdrückten Hehe und das Museum Ironga Boma zu sehen. Deutlicher sind die Aporien des künstlerischen Aktivismus wohl nie zutage getreten, verliert er sich hier doch in leer drehender Selbstbezüglichkeit und schönen, mit Totos Song »Africa« unterlegten Video-Bildern dreier Mitglieder, die freudestrahlend und in Slow-Motion herumtänzeln und sich am Swimmingpool mit Sonnencreme »Bad Beuys« auf den Rücken schreiben. Die Mitglieder der Künstlergruppe selbst sprachen, nachdem der müde Rückgabe-»Prank« von ihnen selbst aufgedeckt worden war, pseudoprovokativ von einer »asozialen Plastik«, als direkte Antwort auf Beuys' Idee einer »sozialen Plastik«. »Klar finden wir Beuys auch ein bisschen Scheiße, also allein seine Frisur«: Auch ohne dieses in toter Ironie vorgetragene Statement wäre jedem klar gewesen, dass Beuys für diejenigen, die wissen, dass sie auf seinen Schultern stehen, nur ein alter Hut ist. Dünkt sich der Aktivismus moderner Art – verkörpert durch die »Frankfurter Hauptschule« – besser als der vordem von Beuys inkarnierte? Muss der neue Aktivismus wie so oft in der Geschichte auch hier den alten zerstören? Oder zeigt sich in dieser Aktion eine kindliche Hassliebe der Überfigur gegenüber?

Der von Joseph Beuys ins Spiel gebrachte »erweiterte Kunstbegriff« zeugt sich in jedem Fall auch in einem erweiterten Begriff von Aktivismus fort. In jüngerer Vergangenheit zeigen die Aktionen der »Polizeiklasse München«, des Kunstkollektivs »PENG!« – laut Homepage »ein explosives Gemisch aus Aktivismus, Hacking und Kunst im Kampf gegen die Brutalität unserer Zeit« –, »wie einfach es sein kann, ins Handeln zu kommen«, wie es auf der Seite des Aktivisten-Kunstkollektivs »Radikale Töchter« heißt. Es ist, nebenbei bemerkt, einigermaßen frappierend zu sehen, wie sehr die Sprache der traditionell außerparlamentarischen Aktivisten der der Parlamentarier ähnelt. Die Ampel-Regierung aus SPD, Grünen und FDP lege einen Koalitionsvertrag vor, »mit dem wir endlich ins Handeln kommen«, sagte Ende 2021 die Grünen-Fraktionschefin Katharina Dröge im Deutschen Bundestag. Nun sind die Grünen schon historisch die Partei mit der größten Affinität zum Aktivismus. Aber seine Lieblingsphrase – »ins Handeln kommen« – ist mittlerweile parteienübergreifend beliebt.

Von der derzeit präsentesten und umstrittensten Gruppe des deutschen Artivismus ist bisher noch nicht die Rede gewesen. Sie selbst sehen sich als »Denkfabrik«, wobei einem die ungleich martialischere Entsprechung im Englischen passender erscheint: »think tank«. Panzergleich rollt das Aktionskünstler-Kollektiv »Zentrum für Politische Schönheit« (ZPS) unter dem Kommando des stets tarnfarbengeschminkten Philipp Ruch nun schon seit über zehn Jahren durch die Medienöffentlichkeit und erfreut sich großer Beliebtheit. Der Kunst-Guerilla geht es nach eigenem Bekunden darum, »die höchste Form aller Künste ins Werk zu setzen: gute und schöne Politik«. Als gelehrige Schüler Christoph Schlingensiefs, der einst deutsche Arbeitslose nach St. Gilgen an den Urlaubsort Helmut Kohls zum »Baden im Wolfgangsee« einlud, verstehen sie sich auf das Handwerk der Provokation und handhaben ihre wertvollste Waffe, die »Medienwaffe« (Philipp Ruch), mit Bravour. Bauen vor dem Berliner Reichstag hochsymbolisch Skulpturen auf, die sie »Lethe-Bomben« nennen, um Kriegseinsätze zu kritisieren, oder rufen dazu auf, das Rüstungsunternehmen Heckler & Koch in einem Sarkophag einzubetonieren.

Juristische Klagen säumen den Weg dieser sich selbst so bezeichnenden »Sturmtruppe zur Errichtung moralischer Schönheit, politischer Poesie und menschlicher Großgesinntheit«. 2017 ereilte sie der Ritterschlag: Björn Höcke von der AfD brandmarkte sie als »terroristische Vereinigung«. Besser hätte es für die Kasperl-Combo gar nicht laufen können. Stolz wie Bolle gab der gebürtige Dresdner Philipp Ruch seinerzeit zu Protokoll: »Wir werden damit werben.« Womit klar war: Es ging bei dem ganzen Mahnmal-Nachbau-Kappes (die ZPS-Aktivisten hatten das Berliner Holocaust-Mahnmal in Sichtweite von Höckes Haus in Thüringen en miniature nachgebaut) nie darum, den Rechtsextremen Höcke als solchen zu entlarven. Das wäre auch wahrlich keine Kunst. Es ging nur darum, die Gesetzmäßigkeiten der Ökonomie der Aufmerksamkeit einmal mehr für sich zu nutzen. Mit billiger Provokation, darin durchaus wesensverwandt dem Geschichtsrevisionisten mit seiner Dresdner Rede über das »Denkmal der Schande«.

Motto: Komm schon, spring doch über das Stöckchen, das ich dir hinhalte. Kurzzeitig aufwallende Erregung, Erkenntnis: keine. Oder doch, diese: Selten ist eine große

politische Geste wie der Kniefall Willy Brandts in War-
schau 1970 so verlacht und verhöhnt worden wie in der
sogenannten »Kunstaktion« von Bornhagen. Damit be-
wegte man sich auf eben jenem degoutanten dunkeldeut-
schen Niveau, das man zu kritisieren vorgab. Obendrein
sorgte das ZPS mit einer Quasi-Stasi-Ausspitzelung des
AfD-Politikers für den herunterzuladenden ›Audio-Walk‹
»Das Höcke-Refugium« dafür, dass sich Björn Höcke als
Opfer unrechtmäßiger Überwachung stilisieren konnte.
Kontraproduktiver kann Kunst kaum sein. »Die Schönheit
wird die Welt erretten«, sagt die titelgebende Figur in
einem Klassiker Fjodor Michailowitsch Dostojewskis. Dieser Roman heißt »Der Idiot«. So ist das »Zentrum für
Politische Schönheit« zum Hauptangriffsziel der AfD in
deren Kulturkampf von rechts geworden. Die Rechtspopulisten bringen es gern auf das Schlagwort »Gesinnungstheater«.

Es ist schon ein wenig her, da schrieb der Theaterkri-
tiker Alfred Kerr, er halte von dieser »ständigen, grundsätz-
lichen Nur-Gesinnungsdramatik« rein gar nichts. Das war
1930, die Zeiten waren mehr als aufgewühlt, die Gesellschaft tief gespalten, was sich auch auf der Bühne zeigte,
wo Regisseure wie Erwin Piscator und Dramatiker wie
Ernst Toller versuchten, das Publikum mittels Stücken zu
agitieren. Die Wörter »Gesinnungstheater« sowie »Propa-
ganda-« oder »Weltanschauungstheater« waren damals
sehr im Schwange, wie zahlreiche Zeitungsartikel aus den
1920er-Jahren belegen. »Das Gesinnungstheater«, so
schrieb Alfred Kerr, der kurze Zeit später vor den Nazis
fliehen musste, sei ein »Irrtum«. Am 11. Februar 1930 befand er deshalb: »Darum hat ein bloßes Gesinnungstheater keinen Bestand. Eben weil es zur Eintönigkeit führt. Es

schadet der Idee, die es verkünden will.« Schon 1919 findet sich in dem von Jakob Lippowitz gegründeten »Neuen Wiener Journal« eine Polemik wider das »Gesinnungstheater«. Man muss an solche Zeilen erinnern in unseren politisch unruhigen Zeiten, die von Aktivisten wie Philipp Ruch kurzerhand mit denen der frühen 30er-Jahre gleichgesetzt werden. Der 41-jährige Philosoph hat 2019 ein Buch veröffentlicht: »Schluss mit der Geduld. Jeder kann etwas bewirken. Eine Anleitung für kompromisslose Demokraten«. »Wir stehen in einer Zeit der Schlacht«, schreibt derjenige, der wie Uwe Tellkamp im Dresdner Viertel »Weißer Hirsch« aufgewachsen ist, darin. Er glaubt, »dass Weimar brennend aktuell ist«. Schönheit kommt bei Philipp Ruch offenbar vor Besonnenheit. Aber nicht diese eher hysterisch denn historisch zulässig zu nennende Analogie ist dem Inszenator politischer Performances vorzuwerfen, sondern die Konsequenz, die er daraus zieht.

Philipp Ruch meint nämlich, dass in Zeiten, in denen die AfD erstarkt und sich seiner Beobachtung nach »ein Extremismus der Mitte« breitmacht, Künstler subventioniert gehören, die dagegen aufbegehren. Dem »Spiegel« gab er zu Protokoll: »Wir arbeiten mit den ambitioniertesten Theatern des Landes zusammen, mit dem Maxim Gorki Theater oder den Münchner Kammerspielen. Aber die Angst vor rechts ist groß in Deutschland. Es wäre deshalb wichtig, dass die Bundesregierung endlich anerkennt, dass wir einen staatlichen Auftrag erfüllen. Der Staat sollte unsere Rechnungen begleichen.« Ist das noch Chuzpe oder schon Wahn? In jedem Fall ein völliges Rollenmissverständnis. Aus einer tugendritterhaften Gesinnungsästhetik (Original-Ton Ruch: »Jede Tugend braucht ihren Homer, der sie besingt.«) lässt sich schwerlich ein Anspruch auf staatliche Alimentierung ableiten. Schon gar nicht, wenn sie sich wie bei Ruch gegen »gesinnungskranke Ideen« wendet – und sich damit in der Wortwahl den bekämpften »braunen Gesinnungsrittern«, die vom »fanatischen Gesinnungsterror« fantasieren, fatal annähert. So eine Forderung ist nur Wasser auf die Mühlen der AfD, die bekanntlich schon wiederholt kleine parlamentarische Anfragen zu ihrer Meinung nach »gezielten ideologiebasierten Bundeszuwendungen« für das von ihr sogenannte »Gesinnungs- und Propagandatheater« gestellt hat. Schon 2017 fragten AfD-Bundestagsabgeordnete (darunter deren kulturpolitischer Sprecher Marc Jongen), ob die deutsche Bundesregierung Erkenntnisse darüber habe, »ob Aktivisten des ZPS mit öffentlichen Geldern, zum Beispiel aus dem Hauptstadtkulturfonds, gefördert werden oder wurden«. Das von der AfD angegriffene »politisch korrekte kulturelle Justemilieu« in Gestalt des »Zentrums für politische Schönheit« und der Institutionen, die es engagieren und so auch mittelbar finanzieren, irrt, wenn es denkt, schon eine Haltung sei förderungspflichtig. Wer dieser Auffassung ist, gibt der AfD nur indirekt recht – und macht sich ohne Not zur Marionette der Rechtspopulisten.

Bleibt die Frage nach dem Verhältnis dieser Artivisten zu den Aktivisten alter Schule. Über die Friedensaktivisten etwa hat Philipp Ruch einmal gesagt, sie seien es nicht gewesen, die Auschwitz befreit hätten, das seien Soldaten gewesen. Stellt er damit der Wirkmacht des Aktivismus nicht ein denkbar schlechtes Zeugnis aus? Als das Zentrum für Politische Schönheit Ende 2019 eine Stahlsäule gegenüber dem Reichstagsgebäude in Berlin errichtete und behauptete, diese enthalte die Asche von Opfern des nationalsozialistischen Massenmords, brachte es jüdische

Aktivisten wie Eliyah Havemann gegen sich auf. »Mit Asche von Opfern des Holocaust sollte man keine Kunst und Politik machen«, das wollte der Autor Havemann nicht nur kritisieren, derlei wollte er demontieren. Mit Elektroflex-Schleifgeräten versuchten er und weitere Mitglieder des »Aktionskünstler Komitees« (AKK) Anfang 2020, die Stahlsäule abzusägen. Die Polizei hinderte sie daran. Man führe es sich vor Augen: Die ZPS-Aktivisten erstatteten daraufhin Anzeige gegen die Aktivisten des »Aktionskünstler Komitees«. Die Proteste gegen die Stele, deren Inhalt man unterdessen der Orthodoxen Rabbinerkonferenz Deutschland übergeben hatte, um sie auf einem jüdischen Friedhof beizusetzen, ebbten aber nicht ab. Wenige Tage später räumte Philipp Ruch in der ihm eigenen großsprecherischen Art ein, es sei ein Fehler gewesen, anzunehmen, »dass es notwendig sei, die Asche ins Regierungsviertel zu holen, um die Kräfte der Geschichte wachzurufen«. Der Artivismus ist zweifelsohne eine wachsende globale Bewegung, seine Methoden aber sind manchmal äußerst fragwürdig, gerade wenn er dabei ist, »die Kräfte der Geschichte wachzurufen«.

Er kann links wie rechts, der Aktivismus

Es ist vermutlich etwas in Vergessenheit geraten, aber auch der Neonazi Michael Kühnen bezeichnete sich als Aktivist. Die Gruppe, die er zusammen mit anderen Rechtsextremen 1983 gründete (und die binnen Jahresfrist sogleich wieder verboten wurde), nannte sich »Aktionsfront Nationaler Sozialisten / Nationale Aktivisten«. Heutige Identitäre treten ganz selbstverständlich als Aktivisten in Erscheinung. Kleinstverlage rechtsradikaler Couleur veröffentlichen Schriften wie die des Nouvelle-Droite-Aktivisten Dominique Venner: »Für eine positive Kritik. Elite. Aktivismus. Organisation« (2019). Darin beschreibt der rechtsradikale »militante Aktivist«, der sich 2013 in der Pariser Kathedrale von Notre-Dame selbst tötete, wie er seine »Berufung zum Aktivisten« empfing, und hält allerlei Tipps parat, wie »die Stunde vorbereitet wird, in der die versprengten Aktivisten sich wiedervereinigen, um die nationalistische Organisation auf die Beine zu stellen, ihr Programm zu bestimmen und in die heiße Phase des Kampfes einzusteigen«. Kleinstparteien sind Sammelbecken patriotischer oder völkischer Aktivisten. Auch dieser Aktivismus hat Tradition, gerade in Deutschland. »Ich stehe, wie ich hörte, auf der Liste: ›völkische Aktivisten‹«, schrieb Gottfried Benn am 20. März 1946 verwundert-mokant an seinen Brieffreund Friedrich Wilhelm Oelze. Der Dichter, der in den Jahren vor seiner Ausweisung aus der Reichsschrifttumskammer und dem Schreibverbot 1938 den Nationalsozialismus durchaus gepriesen und einen exilierten Schriftsteller und linken Aktivisten wie Klaus Mann verhöhnt hatte, würde sich selbst, wie er schrieb, »nie dazu gerechnet haben. Aber da man mich nicht als Pg. [Parteigenosse] bezeichnen kann, muss eben eine andere Formel beschafft werden u die wird dann den Alliierten vorgelegt, die guten Glaubens dann dem entsprechend urteilen. Nun, es ist ja alles ganz gleich.«

Aber so egal ist das nicht. Im Gegenteil, es ist zum Verständnis der politischen Polyvalenz des Aktivismus eminent relevant. Die Eingruppierung als »völkischer Aktivist« erklärt sich ein weiteres Mal aus der Geschichte. War es doch 1933 ein gewisser Joseph Goebbels, der im Reichspropagandaministerium eine »Zentralstelle für geistigen Aktivismus« installierte. »Der Führer«, das »Hauptorgan der NSDAP im Gau Baden«, vermeldete es schmetternd auf der ersten Seite seiner Ausgabe vom 29. August 1933: »Die neugeschaffene Zentralstelle wird einen umfassenden Überblick auf das gesamte geistige und kulturelle Leben unseres Volkes haben und darum in der Lage sein, richtunggebend zu wirken ... Für die Vertiefung der jungen Volksgemeinschaft ist es wertvoll, daß gerade einer der jungen Aktivisten des neuen Deutschlands, Horst Dreßler-Andreß, mit der gewaltigen Aufgabe betraut wurde, dem Denken, Wollen und Fühlen unseres Volkes Richtung zu geben.« Jener Jungaktivist Horst Dreßler-Andreß, der sich im Dritten Reich bis zuletzt als national-

sozialistischer »Volksaufklärer« und auch als früher Frei-
zeit-Aktivist hervortat (mit Büchern wie »Die kulturelle
Mission der Freizeitgestaltung«, 1936), hatte das mit dem
Aktivismus so gut verinnerlicht, dass es für ihn nach einer
kurzen Zeit der Inhaftierung nach Kriegsende nahtlos wei-
terging hinter dem antifaschistischen Schutzwall – im gelobten Land der tausend und abertausend Aktivistinnen
und Aktivisten: der DDR. Erst kontrollierte er in Thüringen Presse und Rundfunk, dann aktivierte und animierte
er, so heißt es, im Arbeiter- und Bauernstaat die Leute zum
Theaterspielen – erst in Eisenach, dann in Dessau, Mei-
ningen und Eisenhüttenstadt. Einmal Aktivist, immer Aktivist.

Es ist auch kein Zufall, dass der Chefpropagandist
Goebbels 1936 in dem von ihm herausgegebenen Buch
»Unser Wille und Weg« einen Kreispropagandaleiter der
NSDAP die Worte schreiben ließ: »Wenn wir aber von der
Gesamtheit politischen Aktivismus verlangen, dann müs-
sen wir Propagandisten auch selbst Aktivisten sein. Aktivismus ist kein Maulhelden- und Radaubrüdertum, sondern
Konsequenz zwischen Wort und Tat, d. h. Geschlossenheit
und Entschlossenheit des Charakters.« Schon zehn Jahre
zuvor, 1926, hatte Joseph Goebbels selbst in seinem Buch
»Die zweite Revolution. Briefe an Zeitgenossen« Adolf
Hitler mit den bemerkenswerten Worten gehuldigt: »Geschlossen steht der deutsche Aktivismus um Ihre Person,
weil er weiß, daß, wo Sie stehen, gekämpft, gefordert und
geopfert wird.«

Angesichts all dessen versteht man nur allzu gut, warum sich Robert Musil just im Jahr der Machtergreifung
endgültig vom Aktivismus lossagt, mit dem der österreichische Autor bis dahin sowieso eher lose sympathisiert

hatte. Ohne auf sein eigenes aktivistisches Gastspiel in der konspirativ »Geheimgesellschaft« geheißenen Wiener »Katakombe« (die sich der publizistischen Verbreitung der aktivistischen Ideologie verschrieben, aber gerade mal ein Jahr bestanden hatte) einzugehen, hält Musil 1933 in einem erst posthum veröffentlichten Konvolut mit dem treffenden Titel »Bedenken eines Langsamen« fest: »Ich war immer gegen den Aktivismus, d. h. gegen die direkte Einmengung des Geistes in die Politik und Lebensgestaltung. Uzw. [und zwar] aus geistigem Aktivismus.« Was für eine intellektuelle Volte! Und was für eine irritierende Koinzidenz, dass Musil in jenem Moment, da Goebbels eine »Zentralstelle für geistigen Aktivismus« einrichtet, seinerseits den »geistigen Aktivismus« als Mittel des eigenständigen, unabhängigen Denkens in Stellung bringt. »Wer abseits bleibt, den erfüllt namentlich der A. [Aktivismus] mit Besorgnis, nein mit Verzweiflung über Deutschlands Zukunft«, notiert Musil 1933. »Es ist ein Irrtum zu glauben, daß er nur Agitationsmittel [sei]; er ist ein Hauptglaubensstück.«

Diese Besorgnis teilt zu jener Zeit der marxistische Philosoph Georg Lukács, der 1934 in seinem Aufsatz »›Größe und Verfall‹ des Expressionismus« luzide die beiden Wege skizziert, die der aus dem Expressionismus kommende Aktivismus zwangsläufig einschlagen musste. Thomas Mann hatte in seinem Konservatismus lediglich sein Missfallen darüber ausdrücken können, »dass, was sich in Deutschland ›Aktivismus‹ nennt, nichts ist als die Übertragung eines bestimmten Kunstgeschmacks und -temperaments ins Politische. Eine Kunstschule [›Expressionismus‹] von heftig-aktivischen Bedürfnissen, der Ruhe, der Betrachtung, dem epischen Behagen, der Sachlichkeit und Heiterkeit verächtlich abgeneigt, ganz auf das Rapide, Vehement-Bewegte, Graß-Ausdrucksvolle gestellt, verlangt eines Tages, dass ›der Geistige handle‹.« Man sieht es schon dem zu seinen Lebzeiten kaum mehr verwendeten Adjektiv »graß« an – einem anderen Wort für: schrecklich, Grauen erregend –, dass dem Bourgeois Mann die Aktivisten eine Nummer zu wild waren. Lukács hat auch seine Probleme mit dem Aktivismus, aber die sind ganz anderer Natur. Er erkennt 1934 schon, dass der Aktivismus bzw. Expressionismus – er verwendet beide Begriffe synonym – zwar »als Opposition von einem verworrenen, anarchistisch-bohèmehaften Standpunkt aus [...] natürlich eine mehr oder weniger energische Tendenz gegen rechts hat«. Viele seiner Vertreter wie Heinrich Mann etwa seien »politisch mehr oder weniger links eingestellt gewesen«. Aber – und nun kommt das für Lukács Entscheidende – die Bewegung ist seiner Meinung nach anschlussfähig in beide Richtungen. Namentlich an Kurt Hillers elitärer Utopie von einem »Deutschen Herrenhaus« macht Lukács fest, dass »hier die Fäden deutlich werden, die sich ideologisch von einer bestimmten, ›extrem links‹ eingestellten Intelligenz zum Faschismus ziehen«. Das ist zwar mit Blick auf Hillers eigene Person – der, von den Nazis verfolgt als Jude, Pazifist und Homosexueller, 1934 gerade noch ins britische Exil fliehen konnte – ein Verdikt, das völlig fehlgeht. Aber gerade was den »romantischen Antikapitalismus« der aktivistischen Bewegung damals (wie übrigens auch derjenigen heute) anbetrifft, hat der ungarische Kritiker durchaus richtig erkannt, wie »rechtsoffen« – mit einem zeitgenössischen Wort gesprochen – der Aktivismus von frühauf ist: »Eine ›Kritik‹ des Kapitalismus, zusammengebraut aus Abfällen des romantischen Antikapitalismus, kann dabei sehr leicht in eine Kritik der ›westlichen Demokratien‹ umgebogen werden.« Da »der verlogene Demagoge Goebbels« sich vom »expressionistischen Wegabstrahieren von der Wirklichkeit« angetan zeigte, war es für Lukács nur logisch, dass dieser den Aktivismus bzw. Expressionismus »für ein passendes faschistisches Propagandamittel hält«.

Man muss kein Marxist sein, um dieser Lesart etwas abgewinnen zu können. Dass der Aktivismus immer schon eine seltsame »Fluchtideologie« (Lukács) war – flüchtig vor jedweder Anerkennung der Realität, manche nennen das auch Naivität –, kann man am Beispiel eines aufrechten Linksliberalen studieren, den 1930 kurz einmal der Gedanke anwandelte, einer in Teilen rechtsnationalen Partei den Teppich auszurollen. Alfred Kantorowicz hatte als Journalist für verschiedene renommierte Blätter, unter ihnen die »Vossische Zeitung«, gearbeitet, als er am 8. August 1930 in der »Literarischen Welt« einen Leitartikel zu platzieren vermochte, der da hieß: »Positiver Aktivismus«. Die Redaktion distanzierte sich vorsorglich von ihrem Mitarbeiter Kantorowicz, indem sie seinen »Beitrag zur Diskussion der soziologischen und ideologischen Problematik der bürgerlichen Mitte« in einem Vorsatz als »interessant« annoncierte, »ohne uns im einzelnen mit diesen Ausführungen zu identifizieren«.

Ganz allgemein und geradezu idealtypisch aktivistisch hebt Kantorowicz an: »Es soll hier nicht von Politik in dem Sinne die Rede sein, der nur die Bezirke der Parteipolitik, der Verträge, der Wirtschaftsübereinkommen oder etwa gar der Mandatsziffern begreift. Denn jenseits dieser konkreten, tagespolitischen Fragen begreift Politik auch einen geistigen Bezirk.« Also geht es erst mal um Platos und

Hegels Staatsideal, den »übergeordneten Bezirk«, um dann irgendwann doch nolens volens in den Niederungen der Parteipolitik landen zu müssen. Das Bürgertum »zerspalten«, die Jugend – Kantorowicz war selbst erst 30 – Schlagworten verfallen, ob nun denen des »revolutionären Marxismus« oder jenen des »Rechtsradikalismus«, das Parteiwesen in »moralischer Auflösung« begriffen. In dieser Lage will Kantorowicz die »vornehmste Aufgabe« darin erkennen, »dazu beizutragen, in Deutschland den Begriff ›national‹ wieder zu einem sittlichen Begriff zu machen, einem Kulturbegriff, der der Überkompensation der gepanzerten Faust und des nationalistischen Schlagwortes nicht mehr bedarf.« Soeben hatte sich ein krudes Parteienamalgam aus »Volksnationaler Reichsvereinigung« (dem politischen Arm des antisemitischen »Jungdeutschen Ordens«), Demokraten, einigen nationalen Gewerkschaftlern und Wirtschaftsliberalen gegründet: die »Deutsche Staatspartei«. Diese von Flügelkämpfen zerfressene Neugründung galt es laut Kantorowicz nun zu unterstützen, auch wenn sie den Anschein erweckte, »mehr Brei als Block zu werden«: »Hier ist das Bekenntnis zum ›positiven Aktivismus‹, hier ist eine mehr seelen- oder stimmenfängerische Appellation zur Mitarbeit an die Jugend ... Man kann nicht ewig beiseitestehen. Vielleicht wird sich herausstellen, daß es noch nicht an der Zeit war, sich zu aktivieren, daß auch dieser Versuch sich als ein fauler Kompromiß erweist, aber solange der Beweis noch nicht geführt ist, muß man einmal alle intellektuellen Reserven beiseitestellen und Ja sagen.« Allzu viele wollten diesem Aufruf nicht Folge leisten und sich »committen«, um es in der Sprache heutiger Unternehmensaktivisten zu sagen. Der Jude Alfred Kantorowicz wird sich bald gefragt haben, warum er so vorbehaltlos für eine Partei werben konnte, die 1933 dem Ermächtigungsgesetz zustimmte. 1933 musste er aus Deutschland fliehen. Sein weiterer Lebensweg – mit den Stationen Frankreich, Kampf gegen das Franco-Regime im Spanischen Bürgerkrieg, Exil in den Vereinigten Staaten, Übersiedelung in die DDR (wo er die Werke Heinrich Manns herausgab) und schlussendlich die Flucht in die Bundesrepublik (er starb 1979 in Hamburg) – ist ein Kapitel für sich. Alfred Kantorowicz hat jede Hochachtung verdient. Sich mit seinem Wahlaufruf-Artikel aus dem Jahr 1930 näher zu befassen, heißt weder ihn noch den Aktivismus als solchen in Misskredit zu bringen. Letzterer wirkt bisweilen nur blauäugig, gerade wenn er sich obendrein noch das Epitheton »positiv« verpasst.

Vieles von dem, was Kantorowicz nach 1933 macht – darunter auch die Gründung der »Deutschen Freiheitsbibliothek«, in welcher Bücher gesammelt wurden, die von den Nazis verbrannt und verboten wurden – wird man als »heroischen Aktivismus« auffassen wollen. Er selbst bringt 1930 durchaus anerkennend das Wort vom »aktivistischen Heroismus« in Zusammenhang mit einem anderen Autor auf: Ernst Jünger. Der wiederum – in seiner Haltung zum Nationalsozialismus ähnlich schwierig auf einen Begriff zu bringen wie Benn – wurde 1965 im »Merkur« als »kontemplativer Aktivist« geadelt: »Die Muse Ernst Jüngers ist die Gefahr. Dazu gehört, daß er sichs in den Gefechtspausen behaglich macht. So ergibt sich das Bild eines kontemplativen Aktivisten.« Was auch immer man von dieser Charakteristik Jüngers hält, selbst Oxymora vermag der Aktivismus zu gebären. Vita activa und vita contemplativa müssen nicht zwangsläufig ein Gegensatzpaar bilden, sie können in eins gehen, auch fern jeden Krieges. Musils

»geistiger Aktivismus« ist da schon ein guter Fingerzeig gewesen. Geprägt in einer Zeit, über die ein Jugendfreund Alfred Kantorowicz', Ernst Bloch, in seinem Hauptwerk »Prinzip Hoffnung« schreiben sollte, der faschistische Aktivismus sei »Schandaktivismus«. Leider lebt er bis heute fort.

Die Studentenrevolte 1968

In Klaus Theweleit löste die Ermordung Benno Ohnesorgs am 2. Juni 1967 durch den Schuss aus einer Polizeipistole das aus, was er rückblickend einen »Aktivismus-Schub« nennt. Damit war der Freiburger Student Theweleit alles andere als allein. Den »sich in solchen Vorgängen ankündigenden neuen Faschismus« vor Augen, fand der Mittzwanziger so wie viele seiner Generation zum Sozialistischen Deutschen Studentenbund (SDS), »in dessen Namen mich zwei Wörter störten: deutsch und Bund; aber was die in ihren Aushängen sagten, konnte ich unterschreiben.«

Die 68er, Hans Magnus Enzensberger hat es immer wieder gesagt, waren eigentlich 67er. Und sie haben, wiewohl sie verhältnismäßig wenige waren, ohne Zweifel die Bundesrepublik in hohem Maße verändert – sie v. a. weltoffener gemacht. Sie gingen aus einer jedem Nachgeborenen sofort verständlichen tiefen Unzufriedenheit mit den gesellschaftlich rückwärtsgewandten Zuständen im »Restauratorium« (Peter Rühmkorf) der frühen Bundesrepublik auf die Barrikaden. Darüber ist viel geschrieben worden. Eine ihrer Ikonen, der Studentenführer Rudi Dutschke, die Galionsfigur des SDS-Aktivismus dieser Zeit, wurde so wie Ohnesorg das Opfer eines Attentats am

11. April 1968. Jahre nach dem nur knapp überlebten An-
schlag – und nur wenige Wochen vor seinem Tod 1979 –
hat er der polnischen Untergrundzeitschrift »Tematy«
(Themen) ein Interview gegeben. Angesprochen auf seine
Aktivitäten seit 1968, antwortete Dutschke: »Die Frage ist:
was ist Aktivismus und was ist Aktivität? Das ist nicht das-
selbe. Das hängt von der jeweiligen historischen Situation
ab.« Ein etwas rätselhafter und auch nicht aufzulösender
Satz, er ist nachzulesen im Band »Lieber Genosse Bloch ...
Briefe Rudi Dutschkes an Karola und Ernst Bloch« (1988).

Mit dem Philosophen Ernst Bloch und dessen Frau
Karola war Dutschke eng befreundet. Bloch, ein Aktivist
der ersten Generation, schrieb 1920 den Beitrag »Vom An-
bruch gemeinsamer Meinungen« im Jahrbuch »Die Erhebung«. Auch in diesem kurzen Text taucht die Formel
auf, die zu einer seiner berühmtesten wurde: die vom
»Dunkel des jeweils gelebten Augenblicks«. Erstmals verwendet hatte er sie zwei Jahre zuvor, als sein Buch »Der
Geist der Utopie« erschien. Bloch war bereits 1918 »mor-
gendlich zumute«. Sein Aufbruchswille sagte ihm, »daß
die deutschen Bücher endlich leben, Taten werden, daß,
wie Hölderlin vorhersagte, der Blitz aus ihrem Gewölk
bricht«. Dieser Sommer 1918 – die Stahlgewitter des Ersten
Weltkriegs donnern noch – ist der kurze Sommer der Utopie. Der Vorstellung, dass bald mehr als nur einige »wenige Männer der Arbeit in Deutschland« aufwachen und
ihnen »der ungeheure Betrug des kapitalistischen Weltkriegs mit einem Schlag vor die entblödeten Augen tritt«.
Im rhetorischen Furor gehen Bloch mitunter die Gäule
durch, etwa, wenn er hofft, »alle noch unbürgerlichen,
noch nicht zu Haustieren gewordenen Herzen, die wilden,
unverschnittenen Hengstherzen der Männer« für den

Wandel zu gewinnen und sich zu dem Satz versteigt: »So geht es hinaus, zur Tat, zum Handeln, zur verachteten Maschine, zum Vergewaltigen des Lebens, damit es Leben sei.« Die »Stirnmuskeln« dieses Denkers waren in jungen Jahren schon arg angespannt, nicht selten überspannt.

Aber seine Grundhaltung, die stimmte vollends mit derjenigen derer überein, die sich später 68er nennen würden: Für »unalternativisch« – Blochs Wort für alternativlos – war erst einmal gar nichts zu halten. Und es ist wohl das Kennzeichen jeder aufstrebenden Generation, dass sie mit Blick auf die, »die gegenwärtig auf den öffentlichen Stühlen das Denken lehren«, meint, »nichts oder fast nichts von jenen lernen« zu können, wie Bloch im »Geist der Utopie« befindet. Nun aber saß der sehr alte Bloch 1968 längst selbst auf dem Lehrstuhl und ereiferte sich, wie sein Tübinger Assistent Gert Ueding (auch aus ihm sollte bald ein Professor werden) in seinen Erinnerungen berichtet, über den »kopflosen Aktivismus« der jungen Leute. Ganz ähnlich urteilte Hiller: »Wie ältere Frauenrechtlerinnen teils wie Landstreicher« kamen ihm die protestierenden Studenten vor, schrieb er in einem Brief am 3. 4. 1968. Auch andernorts hielt man mit seiner Ablehnung nicht hinterm Berg. »Ob die jungen Empörer unserer Tage die Schriften der alten Empörer gelesen haben?«, fragte Wolfgang Rothe 1969 in seiner Eigenschaft als Herausgeber des Dokumente-Bandes »Der Aktivismus 1915–1920«. Die Antwort lag für ihn auf der Hand: in puncto »Potenz« und »Weite des Horizonts« trennten die neuen »Studenten-Aktivisten« von den alten Aktivisten Welten. Rothes Urteil war rasch gefällt: »Die Sprachmächtigkeit der alten Aktivisten, die alle dürre Intellektualität expressis verbis verachteten, hat sich nicht auf ihre Nachkommen vererbt.« Es ist – im Abstand von über fünf Jahrzehnten gelesen – fast komisch, wie hier die naturgemäß gute »Probieranstalt für das Morgen« alter aktivistischer Prägung von Hiller & Company gegen die ungeliebte neue Aktivisten-Generation in Stellung gebracht wird. Derselbe 1929 geborene Literaturwissenschaftler (und spätere Gastprofessor) Wolfgang Rothe, der in seinem Vorwort in Bezug auf die Rezeption der ersten Aktivisten von »malevolenter Denunziation« schrieb, erging sich 1969 in bösartiger Nachrede über die damals noch nicht sogenannten 68er: »Ihr Kennzeichen ist weithin Hilflosigkeit und ein pueriler Autismus, die sich hinter einer losgelösten Intellektualität verbergen – sie wären das letzte, was sich aus dem alten Aktivismus heraushören und herauslesen ließe.« Dann folgt noch der wirklich lustige Nachsatz, dies sei »wohlgemerkt ohne alle wertende oder gar abwertende Absicht« vermerkt (i wo!), um zu schließen: »Mit einem Wort: die Phänomenologie beider Aktivismen ergibt praktisch keine einzige bemerkenswerte Kongruenz.«

Das war keine Außenseitersicht, wie man an Rothes Jahrgangsgenossen Jürgen Habermas sieht. Der veröffentlichte in der »Frankfurter Rundschau« am 5. Juni 1968 sechs Thesen über »Die Scheinrevolution und ihre Kinder«, zieh die protestierenden Studenten und Schüler des »Infantilismus«, schrieb auch von »verbaler Selbstbefriedigung« und »lächerlichen Potenzphantasien«. Auch das Wort »Pennälerniveau« konnte er sich nicht verkneifen. Habermas kritisierte die »Parolen, die das Handeln der aktivsten Teile der Studentenschaft bestimmen«, weil sie ihr »Protestspiel« beständig für die Wirklichkeit hielten. Ihm zufolge verwechselten »einige führende Akteure den virtuellen Vorgang einer Universitätsbesetzung mit einer faktischen Machtübernahme. Eine so gravierende Verwechslung von Symbol und Wirklichkeit erfüllt im klinischen Bereich den Tatbestand der Wahnvorstellung.« Die neuen Demonstrationstechniken seien zwar »vorzüglich geeignet (aber auch nur dazu), Publizitätsbarrieren zu beseitigen«, aber die Demonstranten verkennten« deren rein symbolischen Charakter. Eine Fahne zu hissen, sei an sich noch nichts: »Eine rote Fahne im richtigen Augenblick auf dem richtigen Dach kann eine aufklärende Wirkung haben; sie kann eine Tabuschranke durchbrechen, eine Barriere gegen Aufklärungsprozesse aus dem Weg räumen. Etwas anderes ist es aber, wenn ein solches Symbol diejenigen, die es setzen, darüber betrügt, dass es heute um einen Sturm auf die Bastille nicht gehen kann.«

Die Philippika endete mit einem Seitenhieb auf den namentlich nicht genannten Hans Magnus Enzensberger. Der Lyriker, der damals bei Demonstrationen wie jener gegen die Notstandsgesetze geredet hatte, übernehme die »Rolle des zugereisten Harlekins am Hof der Scheinrevolutionäre, der, weil er so lange unglaubwürdige Metaphern aus dem Sprachgebrauch der zwanziger Jahre für seinerzeit folgenlose Poeme entlehnen musste, nun flugs zum Dichter der Revolution sich aufschwingt – aber immer noch in der Attitüde des Unverantwortlichen, der sich um die praktischen Folgen seiner auslösenden Reize nicht kümmert«. Das war hübsch formuliert, aber in der Sache falsch. Enzensberger war niemals ein Wortführer der 68er oder 67er, er hatte schon 1966 im Kursbuch festgehalten: »Die Moralische Aufrüstung von links kann mir gestohlen bleiben. Ich bin kein Idealist. Bekenntnissen ziehe ich Argumente vor. Zweifel sind mir lieber als Sentiments. Revolutionäres Geschwätz ist mir verhaßt.« So redet ein unabhängiger Geist, kein Aktivist. Man hört in Enzensbergers Worten Musils »Bedenken eines Langsamen« von 1933 nachhallen, in denen stand: »Ich war nie der Wortführer der andern.«

Übrigens begrüßte Habermas 1983 die neuen Protestbewegungen, die sich in »expressiv-beschwingten Massenveranstaltungen« gegen Atomkraft und Raketenaufstellungen sowie für den Erhalt der Natur formierten, »dieses Amalgam von Friedens-, Umweltschutz- und Frauenbewegung« und dessen »bunten« »zivilen Ungehorsam« als ein »Anzeichen der Reife der politischen Kultur«. Selbst Hausbesetzungen in Kreuzberg zählten für ihn – anders als 1968 offenbar die Hörsaal- und Seminarraumbesetzungen – zu den »zivilen Regelverletzungen« und galten ihm als »moralisch begründete Experimente, ohne die sich eine vitale Republik weder ihre Innovationsfähigkeit noch den Legitimationsglauben ihrer Bürger erhalten kann«. Mancher hatte da noch Habermas' legitimatorisches Wort über Polizeieinsätze gegen 68er-Aktivisten im Ohr, sie verwechselten »die Abwehrreaktionen eines Staates, der durch Normen noch gehalten ist, auf Protestspiele sich einzulassen, mit der nackten Repression einer faschistischen Gewalt«. Aber wer sagt denn, dass nicht auch Philosophen im Laufe des Lebens ein zarter »Aktivismus-Schub« ereilen kann?

1968 jedenfalls gab sich Habermas noch ganz als Anti-Aktivist. V. a. äußerte er die Befürchtung, dass sie »den Wissenschaftsbetrieb als solchen [...] zerstören« könnten. Dass es diese destruktive »finstere Kehrseite« jener von »den alten 68er-Aktivisten und ihren Anhängern hochgehaltenen Medaille« durchaus gab, hat etwa der Germanist Albrecht Schöne in seinen Erinnerungen eindrücklich festgehalten. Ihm wurde 1968 bei einem öffentlichen Vortrag auf dem Deutschen Germanistentag in West-Berlin kurzerhand sein Rede-Manuskript entrissen. Fünfzig Studenten hielten das Podium besetzt, es gab Rangeleien um den Katheder, er wurde »niedergeschrien« und obwohl seiner Darstellung nach eine deutliche Mehrheit der rund 1000 Zuhörer dafür gestimmt hatte, ihn reden zu lassen über »Goethes Wolkenlehre«, wurde er von einer aktivistischen Minderheit erfolgreich daran gehindert. 1969 wiederholte sich das Schauspiel an Schönes Göttinger Universität, als der von Aktivisten zum »liberalen Scheißer« erklärte Professor seine Vorlesung über Brecht nicht wie geplant halten konnte. Per Flugschrift wurde die Abschaffung der Institution Vorlesung gefordert. »Weil da immer nur einer reden dürfe und alle anderen zuhören mussten, handele es sich allemal um eine undemokratische, autoritäre Veranstaltung. Als jemand denn doch die größere Sachkenntnis eines Universitätslehrers zu bedenken gab, verfügte der Fachschaftssprecher Reinhard Voges allen Ernstes, dann dürfe der Professor nicht auch noch mehr Gelegenheit haben als die Studenten, das ›an den Mann zu bringen‹«, so Albrecht Schöne 2020.

Wenngleich solche Ereignisse selbstredend nicht als Tragödie zu fassen sind, so sind sie nicht davor gefeit, sich als Farce zu wiederholen. Als der französische Philosoph Alain Finkielkraut 2008 aus Anlass des 40. Jahrestages über den Pariser Mai reden sollte, kam es zur perfekten Reprise. Finkielkraut wurde von Sprechchören so hartnäckig niedergebrüllt, dass er sein Referat über 1968 nicht halten konnte. Sein Freund Peter Sloterdijk war zufällig im selben Sciences-Po-Gebäude zugegen und notierte in seinem Tagebuch »Zeilen und Tage« am 14. Mai, die »neuen Protestierer« erschienen ihm wie »eine Gruppe von Frustrierten [...], die bedauern, die Göttin Geschichte nicht mehr persönlich kennengelernt zu haben«. Die jungen Aktivisten, so Peter Sloterdijk, »möchten weiter gern im großen Drama leben«.

Als 2020 an verschiedenen Orten Statuen von Kolonialherren vom Sockel gestürzt wurden, durchwehte auch diese Aktionen ein fernes Echo von 68. Waren doch solche Sockelstürze damals keine Seltenheit. Der ehemalige SDS-Aktivist Peter Schneider erwähnt in seiner Erzählung »Lenz« (1973) jenen im Valle del Agno, als streikende Arbeiter der Textilfabrik Marzotto am 19. April 1968 die Bronzestatue des örtlichen »Feudalherrn« und Firmengründers vom Sockel stürzten. Kein allzu ungewöhnlicher Akt seinerzeit: In der Nacht zum 27. September 1967 demontierten SDS-Aktivisten das Bronze-Denkmal des »berühmt-berüchtigten Kolonialschlächters« und einstigen Gouverneurs von »Deutsch-Ostafrika« Hermann von Wissmann im Garten der Hamburger Universität. Ihm wurde eine Schlinge um den Hals gelegt, und unter dem Applaus der Studenten zog man ihn nach Lockerung der Bodenschraube mit dem Seil zu Boden. Was die Polizei beim ersten Mal gerade noch stoppen konnte, gelang im zweiten Anlauf. 1968 entschied man, die Wissmann-Statue endgültig aus dem öffentlichen Raum zu entfernen und in der Hamburger Sternwarte einzulagern. Das Aktionskomitee »Die Köpfe rollen« triumphierte und verglich Wissmann mit General William Westmoreland, dem Oberbefehlshaber der amerikanischen Streitkräfte in Vietnam, den man offenbar gleich miterledigen wollte. Beim Hamburger Denkmalsturz feierte man 1968 jedenfalls »die Siege des Vietcong, die Kämpfe der Befreiungsbewegungen in Lateinamerika und die Sozialrevolution in Afrika« mit, wie der Aktivist Niels Seibert in seinem Buch »Vergessene Proteste« berichtet. Die Hamburger Denkmalstürzer gingen straffrei aus – wie 2022 die »Colston Four«-Aktivisten, die das Denkmal des Sklavenhändlers Edward Colston ins Hafenbecken von Bristol gestürzt hatten.

In den vergangenen Jahren ist in den sozialen Medien immer wieder ein Ausschnitt aus einem »Spiegel«-Interview von Theodor W. Adorno geteilt worden. Das Gespräch von 1969 setzt ein mit der Feststellung »Herr Professor, vor zwei Wochen schien die Welt noch in Ordnung ...« Adorno erwidert trocken: »Mir nicht.« Die wenigsten, die diesen Einstieg als Witz posten, dürften wissen, dass dieses Interview Adornos extrem schwieriges Verhältnis zur aktivistischen Studenten-Generation zum Gegenstand hat. Die »Vorlesungs-Sprengungen«, der »Zirkus« um und gegen seine Person hatten im berühmten Philosophen und Soziologen die Skepsis gegenüber jedweder Form von aktivistischer »frisch-fröhlicher« Überzeugung groß werden lassen. Bei der APO begegne er »immer dem Zwang, sich auszuliefern, mitzumachen, und dem habe ich mich seit meiner frühesten Jugend widersetzt. Und es hat sich darin bei mir nichts geändert.« Überhaupt, der Aktivismus, den Adorno Aktionismus nannte, war ihm suspekt: »Ich glaube, daß der Aktionismus wesentlich auf Verzweiflung zurückzuführen ist, weil die Menschen fühlen, wie wenig Macht sie tatsächlich haben, die Gesellschaft zu verändern.« Gerade gewalttätige Einzelaktionen wie das Werfen von Steinen auf Institutsgebäude seien »zum Scheitern verurteilt«. Den Äußerungen Adornos ist anzumerken, dass den Vater der Kritischen Theorie, den Mitbegründer der Frankfurter Schule schaudert beim Gedanken daran, dass sich die Täter bei ihren Taten auf ihn berufen könnten.

Nur noch »widerlich« will Adorno erscheinen, dass man gerade ihn, »der sich stets gegen jede Art erotischer Repression und gegen Sexualtabus gewandt hat«, provoziert hatte mit Barbusigkeit. »Der Heiterkeitseffekt, den man damit erzielt, war ja doch im Grunde die Reaktion des Spießbürgers, der Hihi! kichert, wenn er ein Mädchen mit nackten Brüsten sieht. Natürlich war dieser Schwachsinn kalkuliert.« Der Aktivist werde mit derlei »zum Sklaven seiner eigenen Publizität«. Das ist eine heute noch lehrreiche »Anatomie des Aktionismus«. Bedauerlicherweise teilt diese Aussagen Adornos aus dem »Spiegel« vom 4. Mai 1969 heute niemand. Doch, einer immerhin zitierte sein Diktum »Auf die Frage ›Was soll man tun‹ kann ich wirklich meist nur antworten ›Ich weiß es nicht‹«. Es war Klaus Theweleit, bei Entgegennahme des Theodor-W.-Adorno-Preises in Frankfurt a. M. 2021.

»Entrüsteriche«
in der Twitteria

»Die Maßnahme« heißt ein berüchtigtes Theaterstück von Bertolt Brecht. Die Handlung spielt in China, und auch wenn das in unseren Zeiten kaum mehr vorstellbar scheint: Die Masken, die die Darsteller darin tragen, sind keine Corona-Schutzmasken. Auch hat die titelgebende Maßnahme nichts mit Seuchenbekämpfung zu tun. Das erste und das letzte Wort in diesem 1930 uraufgeführten Drama um kommunistische Agitatoren, die notfalls über Leichen gehen, hat ein Parteigericht, der sogenannte »Kontrollchor«. Vor allem seinetwegen kommt einem dieses finstere Lehrstück wieder in den Sinn. Denn der Kontrollchor tagt heutzutage mit Vorliebe auf Twitter. Gericht gehalten wird gern in diesem sozialen Netzwerk. Mit Urteilen ist man dort schnell bei der Hand. Kontrollchöre jedweder Couleur formieren sich in diesem kleinen Empörungstheater täglich neu, wachsen zu imposanten Kollektiven an. Mal kommen ihre Ordnungsrufe von rechter, mal von linker Seite. Denn geschlossen wollen sie sein, »die Reihen der Kämpfer«, wenn es gilt, »die Wirklichkeit [zu] verändern«, wie das bei Bert Brecht heißt.

Twitter, einst gepriesen als Forum der Gegenöffentlichkeit, ist ein Tummelplatz für Aktivisten. Die Atmosphäre ist entsprechend gereizt. Hier wird Wut ventiliert und kanalisiert. Alle mischen mit: der namhafte Fernsehclown genauso wie der Meteorologe, die meinungsfreudige Akademikerin ebenso wie die Erniedrigten und Beleidigten, die sich heute freilich Marginalisierte und Markierte rufen und in deren Namen zu sprechen vorgeben. Nicht zu vergessen natürlich: Ein beachtlicher Teil der medialen Bewusstseins-Industrie scrollt tagein, tagaus die Timeline rauf und runter. Journalisten nutzen Twitter so wie die meisten: zur Selbstvermarktung und als Themenbörse, und in jüngerer Vergangenheit schafften es die prominenteren unter den Kolumnisten und Chefredakteuren in die »Trends«. Das ist jedoch kaum je ein gutes Zeichen. Wessen Name unter einem Hashtag firmiert, hat in aller Regel etwas falsch gemacht im gelobten Land Digitalien, in dem eine uralte Form des Rügegerichts aus dem bayerischen Oberland, das sogenannte Haberfeldtreiben, fröhliche Urständ feiert. Eine Person oder Institution, die sich moralisch fehlverhalten hat, wird öffentlich unter Lärm und Getöse zur Schau gestellt und verfemt, wobei sich die Hetzmeute heute nicht mehr die Mühe macht, ihre Anklage in Versform zu gießen. Vermummt wie die Haberer alten Schlags sind die neuen aber oft auch, indem sie auf ihren Accounts ihren Klarnamen verschweigen, so dass der Attackierte gar nicht erkennen kann, wer ihn angreift.

Jede Blase pflegt ihren eigenen Feindfetisch. Die immer selben Negativfaszinosa ermüden freilich rasch denjenigen, der sich mehr erwartet als die Wiederkehr des Ewiggleichen (worunter naturgemäß auch das wieder und wieder praktizierte und leider völlig vorhersehbare Aktivisten-Bashing fällt). Man ist geneigt, das Bonmot eines unterdessen kaum mehr zitierfähigen Bundeskanzlers a. D. abzuwandeln und festzuhalten: Zum Twittern brauche ich nur Bild, BamS und Glotze. Der Furor, mit dem noch der nichtigste Talkshow-Schnipsel des Vorabends gleich nach Ausstrahlung schon mitternächtens skandalisiert und in die Erregungsmaschine eingespeist wird, stellt eine Variation des Videobeweises jenseits des Fußballfeldes dar. Häufig wird auf böses Foul erkannt – und Tausende Schiedsrichter zücken kopfschüttelnd die Rote Karte, die auf Twitter ein weißes Herz ist, und stellen den Spieler vom Platz. Gerade rechte Aktivisten befleißigen sich bevorzugt einer Technik, die wir Screenschottern taufen möchten: Von der Gegnerseite verfasste Tweets aus grauer Vorzeit werden abfotografiert, archiviert und dann herausgeholt und gepostet, wenn's passt, um sie bloßzustellen. Wüten die »Entrüsteriche« – um hier wieder ein schönes Wort Kurt Hillers einzuflechten (aufgeregt und empört wurde sich ja auch zu seinen Zeiten, nur dann gern auf mehr als 280 Zeichen, wie man Hillers Briefwechsel mit Werner Riegel, Peter Rühmkorf und Klaus Rainer Röhl entnimmt) – besonders unnachgiebig, denkt man bisweilen an einen Satz von Botho Strauß aus der »Widmung« (den wir hier so gnadenlos dekontextualisieren wie auf Twitter üblich): »Es waren ja keine Meinungsverschiedenheiten, es war ein tolles Vernichtungsgeschrei.«

So kommt es, dass der Feminismus, den Alice Schwarzer in jahrzehntelangen harten Auseinandersetzungen hierzulande überhaupt erst gesellschaftsfähig machte, von einem großen Chorus sich fortschrittlich gebender Queer-Feminist*innen als reaktionär und ewiggestrig abgetan wird. Ihre Gegner werden es werten als einen Beweis aktivistischer Gerechtigkeit gegenüber einer, die selbst nie zimperlich war in der Behandlung anderer. Aber gerade auf Twitter entlädt sich ein unvorstellbares Maß an Gehässigkeit derjenigen gegenüber, auf deren Schultern der eigene Aktivismus doch steht. Auch hier zeigt sich, dass der Aktivismus unter seinem eigenen ahistorischen Denken leidet und Selbstreflexion nicht zu seinen Stärken gehört. Wer noch zweifelt an der Macht des aktivistischen Team-Buildings, der führe sich noch einmal vor Augen, wie es der Aktivistin und literarischen Debütantin Jasmina Kuhnke gelang, zum Boykott der Frankfurter Buchmesse 2021 aufzurufen. Sie selbst war gar nicht erst angereist, obwohl sie dort hätte auftreten sollen, um ihren ersten Roman vorzustellen. Als Grund für ihr Fernbleiben nannte die Autorin, die zuvor bereits Morddrohungen erhalten hatte, die Präsenz eines einschlägig bekannten rechtsradikalen Kleinverlags, – geführt von einem rechten Aktivisten. Kuhnke gab an, eben jener »Jungeuropa«-Verleger Philip Stein habe öffentlich ihre »Abschiebung« gefordert. Sofort solidarisierten sich andere Autorinnen und Autoren (darunter einige Aktivistinnen und Aktivisten) mit ihr, und wer das Geschehen auf Twitter und nicht in der Messehalle verfolgte, konnte den Eindruck gewinnen, dass es sich um gefährliches Terrain handelte, gleichsam das schwarze Herz der Finsternis. Das aber war nicht der Fall, wie auch Aminata Touré feststellen musste, die dort auf der Messe ihr Buch »Wir können mehr sein. Die Macht der Vielfalt« präsentierte. Aber eine Woche lang sprach der Literaturbetrieb über die große Abwesende Jasmina Kuhnke, die sich selbst auf Twitter »Quattromilf« nennt. Ihre bemerkenswert große Gefolgschaft dort lässt sie indes eher als zentrale denn randständige Person der öffentlichen Diskussion erscheinen: Kann sich ernsthaft als gänzlich einflusslos bezeichnen, wer knapp halb so viele Follower wie die deutsche Außenministerin auf sich vereint und entsprechend effektiv seinen Kontrollchor zu dirigieren in der Lage ist? Bei Redaktionsschluss dieses Buches hatte sie ihren Twitter-Account deaktiviert, in der fraglichen Buchmesse-Woche 2021 war sie hochaktiv. Die ganze Woche kulminierte in einer Szene am Messe-Sonntag, die in ihrer Absurdität schon wieder komische Züge trug: In der Frankfurter Paulskirche wurde wie stets der Friedenspreis des Börsenvereins des deutschen Buchhandels verliehen. Ausgezeichnet wurde die simbabwische Autorin und Filmemacherin Tsitsi Dangarembga. Doch bevor der Oberbürgermeister seine Begrüßungsansprache beenden konnte, ging Mirrianne Mahn, ihres Zeichens Stadtverordnete und »Blacktivist«, überraschend ans Rednerpult und erklärte dem Publikum, auf dieser Messe seien »schwarze Frauen« nicht willkommen gewesen: »Und ich sage ganz klar ›nicht willkommen waren‹, weil nicht dafür gesorgt wurde, dass sie sich sicher fühlen.« Das war der entscheidende Punkt: Es wurde über ein Gefühl geredet wie über eine unbestreitbare Tatsache. Man dachte in diesem Moment an einen Satz Georg Wilhelm Friedrich Hegels: »Man beruft sich häufig auf sein Gefühl, wenn die Gründe ausgehen. So einen Menschen muss man stehen lassen; denn mit dem Appellieren an das eigene Gefühl ist die Gemeinschaft unter uns abgerissen.« Das, was die eigentliche Hauptperson des feierlichen Sonntagvormittags, die Friedenspreisträgerin Tsitsi Dangarembga, in ihrer Dankesrede sagte, ging im aktivistischen Trubel unter. Die Zeitungen berichteten lieber über den Tumult. Ob das der Sache des Blacktivism zuträglich war?

Daniel Cohn-Bendit könnte sich bei all dem an die

legendäre Buchmesse 1968 erinnert gefühlt haben, als er mit anderen SDS-Aktivisten gegen die Friedenspreis-Verleihung an den senegalesischen Schriftsteller und Regierungschef Léopold Senghor mobil machte, Teach-ins auf der Messe veranstaltete und den Vorjahrespreisträger Ernst Bloch dafür gewinnen konnte, den »Dichter und Diktator« Senghor öffentlich zu kritisieren. Mit Absperrgittern wurde die Veranstaltung in der Paulskirche damals geschützt, Polizisten knüppelten auf Demonstrierende ein, Cohn-Bendit selbst wurde verhaftet. Mehrere renommierte Verlage schlossen ihre Stände auf der Messe aus Solidarität mit den Demonstranten, die am Betreten des Messegeländes gehindert wurden. Seither war die Messe als »Polizeimesse« verschrien, so berichtet es der Aktivist Niels Seibert in seinem Buch »Vergessene Proteste. Internationalismus und Antirassismus 1964–1983« (Seibert hat übrigens 2016 auch zusammen mit Ines Wallrodt ein erhellendes Lexikon der Bewegungssprache herausgegeben: »Murmeln, Mumbeln, Flüstertüte«).

Es ging also auch ohne Twitter schon hoch her, weshalb es verkehrt wäre, ein nur bedingt geselliges Medium wie eben jenen Kurznachrichtendienst für alle Auswüchse des Aktivismus verantwortlich zu machen. Aber der Aktivismus heute lebt in nicht unbeträchtlichem Maße von und durch Twitter. Einige seiner Vertreter, in diesem Fall die beiden konstruktiven Aktivisten Raul Krauthausen und Benjamin Schwarz, sind sogar überzeugt: »Hashtags sind die politischen Leitsätze der Gegenwart.« Wer mit Schlagworten operiert, trägt nicht gerade zur Nuancierung der Diskussion bei, er lässt die Demonstration Einzug halten, hält Transparente in die Luft. So ist Twitter als Veranstaltungsort virtueller Protestmärsche höchst attraktiv. Die damit einhergehende Blasen-Bildung hat nichts mit den Folgewirkungen zu Fuß zurückgelegter Strecken zu tun. Vielmehr weist sie auf das Phänomen geschlossener Zirkel hin, die sich durch Zustimmung in Form von Likes und Retweets konstituieren und deren Handlungen an die »Aktivitäten einer Selbsterregungskommune« gemahnen, um einen Begriff Peter Sloterdijks zu nehmen. »Erregbarkeit ist jetzt die erste Bürgerpflicht«, so Sloterdijk bereits 2001 in seinen dialogischen Untersuchungen »Die Sonne und der Tod«. Die tägliche Mobilmachung auf Twitter und anderen sozialen Medien hat er lange vor deren Siegeszug präzise beschrieben, als er diagnostizierte: »Wir brauchen daher keinen allgemeinen Militärdienst mehr. Was verlangt wird, ist der allgemeine Themendienst, also die Bereitschaft, seine Rolle zu spielen als Reizleiter für opportune kollektive Psychosen.«

Um einen weiteren unerfreulichen Seitenaspekt nicht auszusparen, der eng zusammenhängt mit der Fokussierung auf Hashtags und Parolen: Das schlechte Lesen wird dadurch befördert. Es reicht gemeinhin schon der Verfassername oder die Überschrift eines Artikels, um selbige zu skandalisieren. Dies fällt gerade beim journalistischen und akademischen Aktivismus auf, der es besser wissen müsste. »Das schlechte Lesen«, so Peter Sloterdijk 2001, »ist eine Waffe, die von den Teilnehmern am Wettbewerb um Aufmerksamkeit immer unverhohlener eingesetzt wird. Ich spreche jetzt nicht von den Unfähigen, sondern von denen, die, wenn sie wollten, anders könnten. Aber warum sollten sie noch wollen? Die Zeiten, als Bildung höflich machte, scheinen vorüber. Die guten intellektuellen Manieren werden vom Text-Mobbing abgelöst.« Sätze werden aus dem Zusammenhang gerissen, die Lektüre von Headlines ersetzt jene der Texte darunter, Screenshots einzelner Text-Passagen halten her, um jemanden öffentlich hinzuhängen. Wo Argumente nicht zur Hand sind, muss es ad hominem gehen. Den Rest erledigt die Druko-Kolonne.

Wobei das Drunterkommentieren manchem schon zu viel der Mühe ist. Ein Herz zu hinterlassen, genügt den meisten. Die allzu große Bequemlichkeit dieses armchair activism haben andere längst problematisiert und »Clicktivism« bzw. »Slacktivism« (Evgeny Morozov) getauft. Anders als der »Hacktivismus«, der so wie jener der Anonymous-Aktivisten mit Aufwand und Geschick ganze Rechnernetze lahmlegt, liegt der Slacktivist faul auf dem Sofa. Die aus Telefon-Warteschleifen vertraute Ansage »... und drücken Sie die Rautetaste« im Ohr, bringt er maximal das Posten einer mit dem Hashtag BlackoutTuesday versehenen Kachel zustande, wie es am 2. Juni 2020 millionenfach geschah. Nach der Tötung des Afroamerikaners George Floyd durch einen Polizeibeamten setzten Millionen Slacktivisten auf Facebook, Instagram und Twitter ein Zeichen gegen Rassismus und Polizeigewalt. Kasimir Malewitsch hätten die vielen schwarzen Quadrate unter Umständen gefallen. Dass dieser Maler sich als »Suprematist« bezeichnete, könnte heute allerdings leicht missverstanden werden. So nachvollziehbar der Impuls, seiner Trauer und Solidarität Ausdruck verleihen zu wollen, so offenkundig die damit einhergehende Befriedigung »innerer moralischer Eitelkeit«, der »Genuss des Bewusstseins eigener Vortrefflichkeit«, wie Hegel ihn mit Blick auf unser Gewissen beschrieben hat. Man versichert einander symbolisch seiner »guten Absichten«, und es stellt sich ein: »das Erfreuen über diese wechselseitige Reinheit und

das Laben an der Herrlichkeit des Wissens und Ausspre-
chens, des Hegens und Pflegens solcher Vortrefflichkeit«.

Der performative Charakter dieser Art des Aktivismus ist evident. Kurt Hiller hätte ihn mit einigem Recht
als »schein-ändrerisch« verworfen. Man kann es auch mit
seinem Antipoden Georg Lukács sagen: »Seine schöpferi-
sche Methode geht in die Richtung des pathetisch-leeren,
deklamatorischen Manifests, der Proklamierung eines
Scheinaktivismus.« Kein schöner Schein. Das bleibt auch
denen, die den Online-Aktivismus verfechten, nicht ver-
borgen. Die Feministin Teresa Bücker sieht dessen Di-
lemmata. Dennoch will sie ihn nicht missen, sei er doch
ein probates Mittel, »um die Bewegung trotz aller Hetero-
genität innerlich zu festigen und nach außen hin Einfluss
zu gewinnen«. Wie sich die Worte doch gleichen: Dem
Gesamtdeutschen Aktivistenkongress 1919 war es ja auch
um die »innere Festigung der aktivistischen Bewegung«
sowie die »Kundgebung ihres Wollens nach außen« gegangen.

Auch an der Börse hoch im Kurs.
Über aktivistische Aktionäre

So ein Rachefeldzug will gut vorbereitet sein. In Alexandre Dumas' Abenteuerroman »Der Graf von Monte Christo« treibt Edmond Dantès den skrupellosen Bankier und vormaligen Zahlmeister Danglars, der ihn einst durch ein Komplott in langjährige Kerkerhaft auf einer abgelegenen Festungsinsel gebracht hatte, mit gezielten Spekulationen und Börsen-Manipulationen in den finanziellen Ruin. Am Ende ist der Baron Danglars, der »Herr Krösus«, bettelarm und sein Geschäft zunichtegemacht.

Es gibt etliche Verfilmungen dieses Klassikers, und wie üblich halten sich nicht alle buchstabengetreu an die literarische Vorlage. Vieles spricht dafür, dass der Brite Fraser Perring ein großer Fan der »Der Graf von Monte Christo«-Verfilmung von 2002 ist, bekommt darin doch – abweichend vom Buch – der frischgestrandete, weil über See vom Gefängniseiland geflohene Held Edmond Dantès von einem Schmuggler-Padrone den Spitznamen »Zatarra« verpasst. »Sounds fearsome«, Furcht einflößend klinge das, sagt Dantès im englischsprachigen Original dieser Filmversion, worauf der Italiener nur trocken erwidert: »Das bedeutet ›Treibholz‹.« Das ist zwar Unsinn, aber das Fantasiewort »Zatarra« war nach diesem Film in der Welt und geriet in Vergessenheit, bis Fraser John Perring, der Sohn einer Schweinebauern-Familie aus Canterbury, es barg und zum Firmen-Namen erkor. Seitdem geht die Angst um unter börsennotierten Konzernen vor dem Mann, den die Wirtschaftsteile der Zeitungen »den dunklen Zerstörer« nennen.

»Zatarra Research & Investigations«, die Firma der aktivistischen Investoren Fraser Perring und Matthew Earl, veröffentlichte 2016 einen Bericht, der dem damals an der Börse hoch gehandelten Münchner Zahlungsdienstleister Wirecard schwerste Vorwürfe machte; die Hauptanklagepunkte lauteten »weitreichende Korruption und Unternehmensbetrug«. Die Wirecard-Aktie sei de facto wertlos, schrieben Perring und Earl. Die Geschichte sollte ihnen erst vier Jahre später recht geben. 2020 meldete Wirecard Insolvenz an und erwies sich als eine einzige Luftbuchung. Der Shortseller Fraser Perring genießt seither einen Ruf wie Donnerhall – er ist weltweit der derzeit bekannteste aktivistische Aktionär, und ob er nun so wie Alexandre Dumas' »Graf von Monte Christo« Rache üben will oder nicht (mittlerweile hat er seine Firma in »Viceroy Research« umbenannt) – sein Geld verdient er damit, dass er auf Kursstürze setzt.

Früher nannte sich seinesgleichen »Corporate Raider«, hinter welcher Bezeichnung sich aber kein Comic-Held, sondern ein Unternehmensplünderer verbirgt. Seine Form des Aktivismus ist darauf angelegt, sich auszuzahlen. Wenn es gut läuft, fährt er neben dem pekuniären auch noch einen moralischen Gewinn ein, wie es bei seiner frühzeitigen Warnung vor Wirecard-Wertpapieren zweifelsohne – wenn auch mit Verzögerung – der Fall war.

Fraser Perring ist im Termingeschäft tätig. Er ist Leerverkäufer, d. h., er handelt mit etwas, das sich nicht in seinem Depot, seinem Besitz befindet. Er leiht sich Aktien für eine bestimmte Zeit und zahlt dafür an den Verleiher einen gewissen Preis. Dann verkauft er die Aktie zu diesem Preis am Markt. Nun beginnt das große Warten bzw. jene Zeit, in der er versucht, den Kurs der Aktie durch das Streuen schlechter Nachrichten über das jeweilige Unternehmen nach unten zu drücken. Denn allein darauf spekuliert der Leerverkäufer, wobei sein Risiko stets darin besteht, nicht wissen zu können, ob seine Wette gegen Aktie und Unternehmen am Ende wirklich von Erfolg gekrönt sein wird. Tritt der Kursverfall ein, erwirbt er die Aktie zu einem günstigeren Preis als dem ursprünglichen Preis und gibt sie dem Ausleiher zurück. Als Gewinn streicht er die Preisdifferenz ein.

Vom individuellen Profit ihres Tuns reden Aktivisten weitaus seltener als vom »gesamtgesellschaftlichen« Benefit. Doch bei aktivistischen Investoren wie Fraser Perring ist genau das angezeigt. Gleichwohl hebt er mit einigem Recht hervor, dass sein jetziges Wirken als Spekulant einiges mit seinem vormaligen Job als Sozialarbeiter gemeinsam hat: »Beide müssen sich sehr gut informieren. Wenn ich als Sozialarbeiter eine Familie betreue, muss ich erst mal genau verstehen, was dort passiert, ehe ich Entscheidungen treffe – das ist beim Shortselling genauso«, verriet er der »Wirtschaftswoche« 2020. Von der »Einsicht in die Unsittlichkeit des kapitalistischen Systems«, die der Ur-Aktivist Kurt Hiller noch 1919 gefordert hatte, ist da wenig zu spüren. Der aktivistische Investor nutzt dieses System vielmehr für seine Zwecke. Er weiß sich getragen von einer gesellschaftlichen Strömung, die den Ausbau alternativer

Energien unterstützt und klimaschädliche Investitionen ablehnt. Selbst ein Ölkonzern wie Exxon hat mittlerweile drei aktivistische Aktionäre in seinem Board sitzen, und sie erzielen beachtliche Erfolge in Richtung grüne Transformation. Dass es nun Hedgefonds wie »Engine No. 1« sind, dass ausgerechnet die vordem das Böse schlechthin inkarnierenden Heuschrecken sich für die ökologische Wende einsetzen, wird viele angemessen nachhaltig irritieren. Feindbilder wollen schließlich bewirtschaftet sein. »Active Ownership« als neues, maßstabsetzendes Modell, die Einhaltung der ESG-Kriterien (Environment, Social, Governance) – längst selbstverständlicher Bestandteile des Unternehmensportfolios. Gut, dass die aktivistischen Investoren ihr Ziel gar nicht erst bemänteln. Es geht ihnen – ob sie nun Anteilsscheine erwerben oder im Aufsichtsrat sitzen – immer nur um das eine: eine höhere Rendite. Aus dem »Handelsblatt« erschallen »Risiko!«-Warnrufe wie ehedem von Showmaster Wim Thoelke: »Mangelnde und unpräzise Finanzprognosen gehen mit einem erhöhten Risiko einher, zum Ziel aktivistischer Investoren zu werden.«

Etwas anderes ist es, wenn Großkonzern-Chefs zur Aufpolierung des eigenen Images Aktivistinnen umwerben. Das musste Joe Kaeser erfahren, als er Luisa Neubauer in einem Anflug von Zeitgeistigkeit einen Posten im Aufsichtsrat der Energie-Sparte von Siemens (oder doch nur in einem Kontrollgremium derselben, so genau wusste er es danach selbst nicht mehr) antrug. Sie schlug aus. Hier funktionierte der alte Antagonismus noch. So bleibt die eigentlich spannende Frage die, wie sich der »Aktityp« (Peter Rühmkorf) klassischer Prägung – der Forste besetzt und mit Kosenamen wie »Hambi«, »Danni«, »Kasti« und

»Sterki« belegt, hier und da mal einen »Bürgi« beschimpft – zu dem moderner Bauart – dem Shareholder-Aktivisten, nennen wir ihn hier mal »Shorti«, – verhält, der auf Steuerung via Stimmrecht, einen Kurswechsel durch Kursentwicklung setzt und mit seinem Engagement noch Geld verdient. Der so wie Gabriel Grego, der geschäftsführende Gesellschafter von »Quintesssential Capital« aktivistische Leerverkäufe als »eine Kraft des Guten« ansieht. Das eben ist es, was Frank Partnoy und Rupert Younger mit ihrem 2019 auf Deutsch veröffentlichten »Aktivisten-Manifest« vorschwebte: »Diese Art Verbindung hatten wir im Sinn: Aktivisten der verschiedensten Richtungen kommen aus ihren voneinander getrennten Silos hervor, um gemeinsam Wandel zu forcieren.« Die Silo-Bildung, das Lagerdenken finden auch im Aktivismus ihr getreues Abbild.

Die tun was

Passivismus – das klingt so, als lalle ein Betrunkener das Wort Pazifismus. In unserem Alltagswortschatz kommt der Terminus nicht vor. Und doch gibt es den Passivismus, nicht nur in der Literatur. Seinen berühmtesten Auftritt hat er im größten Roman Robert Musils, »Der Mann ohne Eigenschaften«. Ulrich, Musils Titelfigur, wird von Clarisse ein »Passivist« genannt. Das bringt ihn dazu, eine Unterscheidung vorzunehmen. Walter, sein Jugendfreund und der Mann von Clarisse, sei ein Vertreter des »passiven Passivismus«. Demgegenüber gebe es auch einen aktiven.

Ihr Gespräch nimmt folgenden Verlauf: »›Was ist das, ein aktiver Passivismus?‹, fragte Clarisse neugierig. ›Das Warten eines Gefangenen auf die Gelegenheit des Ausbruchs.‹ ›Bah!‹, sagte Clarisse. ›Ausreden!‹ ›Nun ja‹, räumte er ein, ›vielleicht‹.« Clarisse sagt im Fortgang noch den klugen Satz, dass »die ganz große Gemeinheit« heutzutage nicht dadurch entstehe, »dass man sie tut, sondern dadurch, dass man sie gewähren lässt. Gewährenlassen ist zehnmal gefährlicher als Tun!«« So viel steht fest: Musils Mann ohne Eigenschaften ist in keinem Fall Aktivist. Das Thema hat den Kurzzeit-Aktivisten Musil allem Anschein nach nicht losgelassen, sonst hätte er es kaum im Schlusskapitel seines unvollendeten Werks noch einmal aufgegriffen, in dem er vom Aktivisten schreibt, der sei »in seiner ungeduldigen Handlungsweise auch eine Art Gottesträumer [...], und nichts weniger als ein Realist, der weltklar und welttätig sich umtut«. Weltklar und welttätig sich umtun, das ist nicht jedermanns Sache, weshalb es einen Gegensatz-Begriff zum Aktivisten braucht. Wie nennt man so einen, wenn einem der logische Widerpart Passivist etwas akademisch anmutet? Anti-Aktivist? Fatalist? Inaktivist? Kurt Hiller, der nie um ein Wort verlegen war, schlägt gleich eine ganze Batterie von Begriffen vor: Quietismus, Konservatismus, Ästhetizismus. Als Inbegriff all dessen darf der von ihm geprägte »Rückwärtser« gelten, von dem es auch die stabreimende Steigerungsform »Rückwärtser-Rüpel« gibt. All diese Wörter fallen im lesenswerten Briefwechsel Hillers mit zwei seiner jungen deutschen Schüler: den Dichterfreunden Werner Riegel und Peter Rühmkorf. Die beiden gaben in den 1950er-Jahren eine kleine, äußerst feine Lyrik-Zeitschrift heraus: »Zwischen den Kriegen«, für die Hiller, der Exilant aus London, auch schrieb. Ihnen wollte Hiller diktieren: »Der Aktivismus ist PFLICHT!«

Darin wollten dem alten Vorwärtser Hiller die beiden Hamburger Junglyriker aber nicht folgen. Sie sahen sich eher als »Finisten« und also die Welt dem Untergang geweiht. Hiller versuchte sie etwas bemüht auf seine Seite zu ziehen: »FINIS bedeutet außer ENDE auch ZIEL« – und hatte so nicht schon seine eigene aktivistische Zeitschrift geheißen, »Das Ziel«? Rühmkorf und Riegel waren nicht überzeugt, sahen ihre Poesie durch einen bierernsten aktivistischen Auftrag – Besserung des Menschen – auf eine ungute Weise festgelegt und vereindeutigt. Da waren sie ganz auf Musils Linie: »Der Aktivist macht Lehrgedichte«. Zudem hatten sie in ihrem »Lehrer« Hiller einen, der eher abschätzig 1914 in einem Brief geschrieben hatte, Lyriker seien die »Reporter unserer Nervenneigungen«. Trotzdem korrespondierten sie ausführlich mit Hiller, der ein großer Epistelschreiber war, und immer »unser aller Ercliquung«, vulgo: »Kreisbildung« im Sinn hatte. Er wollte sich alliieren mit den »Bundesgenossen«. Da ging es den alten Aktivisten genauso wie den heutigen jungen: Man ist immer auf der Suche nach Verbündeten, pardon: »Allies«. Ein Grund für ihre Reserviertheit mag darin gelegen haben, dass sie, die politisch klar links standen, die Dichtung Gottfried Benns sehr wohl schätzten (sie waren einfach noch in der Lage, Werk und Autor zu trennen) – anders Hiller, der im »Un-Aktivisten« Benn eine »ganz giftige, offensivquietistische Laotsefliege« (immerhin nicht Schmeißfliege!) sah, die ihn vorzeiten »aufs ärgerlichste gestochen« hatte.

Ein weiterer Grund für die Distanziertheit der jungen Dichter dem Aktivismus gegenüber könnte darin zu finden sein, dass sie wussten, dass er, wie das gerade hinter ihnen liegende »Dritte Reich« gezeigt hatte, in eine völlig falsche Richtung abdriften konnte – wovon Musil im Übrigen einen Vorgeschmack gibt in der Gestalt des antisemitischen »germanischen« Aktivisten Hans Sepp im »Mann ohne Eigenschaften«. Die Existenz dieses »verkehrten, nämlich bestialischen Aktivismus« (Hiller), des »zielinfamen, barbarisch beinhalteten Aktivismus (etwa den der Nazis oder der ›roten‹ Terroristen)« hat Hiller, wiewohl er ihm selbst zum Opfer gefallen war, selbst nie zu einem Überdenken der ganzen aktivistischen Idee veranlasst.

Auch den »Moderantisten« verachtet der Aktivist seit

jeher – aber Menschen von gemäßigter Gesinnung dürfen heute sowieso als nahezu ausgestorben gelten. Das Problem besteht darin, dass sich schwerlich ein wertfreier Antagonist zum seinerseits ja auch nicht neutralen Aktivisten finden lässt. Der Attentist, der einem noch einfiele, ist ja in seiner abwartenden Haltung einer, der aus opportunistischen Erwägungen nicht handelt. Ist also derjenige, der sich dem Aktivismus verweigert, ein verwerflicher Mensch? So insinuiert es ein Satz auf der Website von »Fridays for Future«. Molière, so steht da zu lesen, habe bereits geschrieben: »Wir sind nicht nur verantwortlich für das, was wir tun, sondern auch für das, was wir nicht tun.« Ein ehern schöner Satz. Leider lässt er sich im Œuvre Molières nirgendwo nachweisen.

Der Gelehrte als Gefährte

»Demonstrationsgeschehen« ist nicht nur ein bombastisches, es ist auch ein sehr deutsches Wort. Wenn hierzulande mal wieder auf die Straße gegangen und das ein oder andere Transparent hochgehalten worden ist, auf dem etwa von selbst ernannten »Freiheitsaktivisten« die Pandemie – das Infektionsgeschehen – in Abrede gestellt worden ist; wenn sich mal wieder ein paar Klima-Aktivisten auf der Straße oder auf Parkplätzen festgeklebt und dadurch zum Unmut der Auto- und Lkw-Fahrer das Verkehrsgeschehen beeinträchtigt haben – dann, ja dann schlägt die Stunde des Protestforschers. Zuverlässig wird ein solcher befragt: Was nun zu halten sei von alledem? Wie das Demonstrationsgeschehen einzuordnen sei, und warum bitte schön sich Coronaleugner neuerdings als »Menschenrechtsaktivisten« ausgäben?

Die Aktivisten sind sein Forschungsobjekt. Er ist höchstwahrscheinlich Mitglied im »Institut für Protest- und Bewegungsforschung«, welches, 2012 gegründet, beweist, dass »der lange Marsch durch die Institutionen« gar nicht notwendigerweise, wie von Rudi Dutschke 1968 ursprünglich erdacht, zur Zerstörung derselben führen muss. Im Gegenteil: In diesem Fall mündete er in den Aufbau einer neuen Institution. Kein Protestmarsch, keine

Protestform ist dem Protestforscher fremd. Einzig sein wissenschaftliches Erkenntnisinteresse zwingt ihn zu einem Mitläufertum der besonderen Art. Ein reputierlicher Beruf, könnte man meinen. Das aber sehen die von ihm Be- und Ausgeforschten mitunter anders, zeihen ihn der »Gegnerkunde« und »repressiven Wissenschaft«. Wenn das nur sein Problem wäre! Kopfzerbrechen sollte dem »activist researcher« bzw. »activist scholar« eher seine allzu große Nähe zum von ihm beobachteten Gegenstand bereiten. Zumindest progressiven Bewegungen steht er, glaubt man Peter Ullrichs 2019 erschienenem »Versuch über die Sozialfigur des Protestforschers«, tendenziell eher wohlwollend gegenüber. Nicht selten entstammt er sogar selbst einer dieser Bewegungen, was seiner Forschungsarbeit förderlich sein mag, dem Gebot wissenschaftlicher Distanz jedoch eher abträglich ist. Im angloamerikanischen Raum zeigt schon der Titel eines Fachmagazins an, das der engagierte Aktivist in ihm ebenso fündig wird wie der Soziologe: »Interface – A Journal For and About Social Movements«. Der Protestforscher Peter Ullrich drückt es etwas verklausuliert aus: »Die Widersprüchlichkeit der Anrufungen, in der man sich als Protestforscher*in bewegt, ist nicht grundsätzlich aufzulösen, sondern verlangt ein bewusstes Agieren im Wissen um die Ambivalenzen und in ihrer aktiven Annahme, mithin einen Platz ›zwischen den Stühlen‹.« Als »Zwischenstuhlaner« hatte sich zwar schon good old Kurt Hiller zeitlebens verstanden, aber der war kein Wissenschaftler. Man liest es mit Verwunderung: Ein »postfundamentalistisches« Wissenschaftsverständnis macht es möglich, dass die Grenzen zwischen erforschtem Objekt und teilnehmend beobachtendem Forscher verschwimmen. Das sei immer noch besser als »aktive Selbstverdummung durch das Vermeiden von Fragen«, so rechtfertigt das der Protestforscher Peter Ullrich, dem ein solches Vorgehen so wie offenbar seiner ganzen Profession »ethisch unbedenklich« erscheinen will – »als Forschender *und* als politischer Mensch, der vielen progressiven Bewegungen positiv gegenübersteht«. Man stelle sich vor, das würde ein Wissenschaftler sagen, der mit rechtsextremen Aktivisten sympathisiert.

Der Postfundamentalist bestreitet (als Akademiker »negiert« er es natürlich), dass es so etwas wie die Grundlage unserer sozialen Realität überhaupt gibt. Alles erhält erst Bedeutung durch die »relationale Beziehung« von Objekten, Handlungen und Subjekten zueinander. Postfundamentalisten folgen ihrerseits dem Poststrukturalismus. »Wörter, die mit *Post*- anfangen, sind immer verdächtig«, hat Hans Magnus Enzensberger 1987 geschrieben und seinerseits die Existenz einer »Postmoderne« dankenswerterweise rundweg »negiert«. »Wer das Wort in den Mund nimmt, stellt damit eine dreiste Behauptung auf, die durch keinen Beweis gedeckt ist, ganz zu schweigen von philosophischen Gummibärchen wie dem Post-Strukturalismus und den post-materialistischen Werten.« Leider erliegen dieser süßen Versuchung immer noch einige Akademiker. Es ist so verführerisch, eindeutige Begrifflichkeiten zu vermeiden und die klaren Abgrenzungen zwischen Forschungsobjekt und Forschern über Bord zu werfen. Doch im Namen der guten Sache wechseln Wissenschaftler, zumal an US-amerikanischen Universitäten, mittlerweile auch ganz offen in den Aktivismus. Breanne Fahs lehrt als Professorin Women and Gender Studies an der Universität von Arizona. Da ihr Forschungsfeld angeblich ein Schattendasein fristet, empfahl sie 2016 zusammen mit Michael

Karger im Fachmagazin »Géneros. Multidisciplinary Journal of Gender Studies« ihren Studentinnen und Studenten, die überwiegend pädagogischen Anliegen ihrer Forschung virengleich in der Gesellschaft zu »streuen«. Wie das Ebola- und HI-Virus gezeigt hätten, wohnten den tödlichen Erregern auch »produktive« und »kreative« Kräfte inne, behaupteten die beiden Autoren, doch noch sei »die Immunantwort« bedauerlicherweise bisher zu stark. Deshalb könne die Aufgabe nur sein, das universitäre wie gesellschaftliche Abwehrsystem weiterhin zu attackieren. Der Aktivist als mutierte Virusvariante, als Träger von »feminist viruses« sowie die explizite Empfehlung »fusion of activism and scholarship« – derlei wird publiziert und propagiert. Einige wird das verquere selbstgewählte Bild des aktivistischen Seuchen-Spreaders an Botho Strauß' Bewusstseinsnovelle »Die Unbeholfenen« (2007) erinnern, in der der Schriftsteller eine Figur fantasieren ließ, man könne doch »künstlerische Eindrücke« »zurück ins formlose Leben streuen, und darin vermehren sie sich vielleicht wie Viren des Schönen, Viren des menschlich Gelingenden. Warum sollte sich immer nur der Schnupfen, warum nicht auch einmal das Ansehnliche auf dem Weg der Ansteckung ausbreiten?« Ja, warum vielleicht besser nicht?

Üblicherweise wird solchen Beispielen mit dem Einwand begegnet, dabei handele es sich um Einzelfälle. Dass die sich jedoch gerade auf dem sozialwissenschaftlichen Feld mehren, hat die Universität Hamburg 2022 veranlasst, einen »Kodex Wissenschaftsfreiheit« zu verabschieden. Die US-amerikanischen Autoren Helen Pluckrose und James Lindsay legten 2020 ein Buch vor darüber, »wie aktivistische Wissenschaft Race, Gender und Identität über alles stellt – und warum das niemandem nützt«. Wer dieses

Buch »Zynische Theorien« gelesen hat, weiß, dass es ein Appell an die Vernunft ist, und eine Warnung davor, die Wissenschaft zu instrumentalisieren für vermeintlich gute Zwecke und Ziele. Es ist ein Plädoyer dafür, Wissenschaft und Aktivismus trennscharf auseinander und universalistische Werte hoch zu halten; es ist kein Buch gegen Aktivismus als solchen, sondern gegen eine Wissenschaft, die Empirie durch Empathie ersetzt hat. Die Autoren problematisieren darin im Gewand des Guten auftretende Glaubenssätze wie etwa den der Rechtswissenschaftler Richard Delgado und Jean Stefancic von der University of Alabama. Das Ehepaar hat zusammen mit Kimberlé Crenshaw u. a. in den 80er-Jahren im Gefolge der Bürgerrechtsbewegung eine akademische Schule begründet, die von der Beobachtung ausgeht, dass der Rassismus in vielen gesellschaftlichen Institutionen, u. a. im Justizapparat, nach wie vor tief verankert ist. Diese Strukturen will die Critical Race Theory nicht allein untersuchen und verstehen, sondern auch verändern. Deshalb schreiben ihre Verfechter der Critical-Race-Theorie unumwunden eine »aktivistische Dimension« zu. Nun kann man fragen, was dagegenspricht, den zweifelsohne immer noch allgegenwärtigen Rassismus in der Gesellschaft zu bekämpfen. Rein gar nichts, natürlich. Das Problem liegt woanders. Die Critical Race Theory glaubt wie jede aktivistische Bewegung, den einzig richtigen Weg in eine diskriminierungsfreie Welt zu kennen. Sie duldet keinen Widerspruch, was etwa die Wahl ihrer Mittel betrifft. Helen Pluckrose, die als Hauptautorin von »Zynische Theorien« firmiert, beunruhigt zu Recht dieser »militant-aktivistische Ton« auf dem Campus und eine sich formierende neue Orthodoxie, die im Namen »unhinterfragbarer moralischer Wahrheiten« innerhalb »der doch eigentlich nominell säkularen Linken« eine neue Religion etabliere. Dies laufe, schreiben Pluckrose/Lindsay, auf »eine effektive Konfessionalisierung des ›Wissens‹« heraus.

Wer den Geboten oder Dogmen der obwaltenden Theologie widerspricht, bekommt es tatsächlich mit einer neuen Form der Inquisition zu tun. Davon legt der Fall von Kathleen Stock beredt Zeugnis ab. Die feministische Philosophin widersprach 2021 ein weiteres Mal der von Transaktivisten mit tatkräftiger Unterstützung der Gender Studies in die Welt gesetzten Annahme, man könne unabhängig von der Anatomie sein angeborenes Geschlecht selbstbestimmt ändern, sich also als gebürtiger Mann zur trans Frau erklären. Der Glaube ist konstitutiv für das gesamte Gender-Konzept und bereits so erfolgreich (auch mithilfe eines aktivistischen Journalismus) durchgesetzt worden, dass kurioserweise die von Stock nüchtern benannte »Fiktion« zum Skandalon taugte. Mit anderen Worten: Kathleen Stock hatte sich einer uralten akademischen Tugend schuldig gemacht: der Kontestation. Sie hatte mit guten Argumenten bestehende Herrschaftsstrukturen – und eine solche bildet die Gender-Theorie – infrage gestellt. Dafür wurde sie entsprechend ins Gebet genommen, wobei abgestraft es genauer trifft. Proteste, die jedem akademischen Comment zuwiderliefen, formierten sich: Aktivisten beschimpften sie öffentlich und online, der transaktivistische Kontrollchor trat auf den Plan. Sie selbst nannte es eine »mittelalterliche Erfahrung«, auf den Fluren der Universität Sussex »Stock out«-Graffiti und »Fire her«-Transparente sowie im Netz hasserfüllte Botschaften lesen zu müssen. Schließlich gab sie ihren Lehrstuhl auf. Niemand hatte sie dazu gezwungen, es war ihre freie Entscheidung, wie ihre Kritiker im Unterton der Unschuld wiederholen. Ein Zyniker wird an dieser Stelle Margaret Thatcher variieren: There is no such thing as cancel culture.

Nicht wenige erkennen in Fällen wie diesem ein Fanal für das gesamte diskursive Universitätsgeschehen im angelsächsischen Raum. Auffallend auch, wie wenig Vor- und Rücksicht diejenigen walten lassen, die im Namen der Toleranz zu sprechen behaupten. Noch bedenklicher jedoch als die Causa Stock selbst erscheint die Art, wie deren breite und in der Mehrzahl kritische publizistische Behandlung von ihren Gegnern zu einer Verschwörungserzählung umgemodelt wird – so als wäre die Kritik an aktivistischen Auswüchsen ein Privileg der Rechten. Dass auch Rechte den Umgang mit Stock für indiskutabel halten, nimmt der Kritik nicht ihre Berechtigung. Aber wir leben in Deutschland, wo Hans Magnus Enzensberger schon vor sechzig Jahren beklagte, dass wir uns aus schierer Furcht vor Beifall von der falschen Seite unserer kritischen Mittel begeben. Noch bevor man einen Gedanken ausspricht, erwägt man, ob er nicht auf der gegnerischen Seite Applaus ernten könnte. Die Torheit, den Feind zum Schiedsrichter des eigenen Redens zu machen, ist endemisch, seitdem sie Enzensberger 1962 formulierte. Es sei noch einmal daran erinnert: »Die Angst vor dem ›Beifall von der falschen Seite‹ ist nicht nur überflüssig. Sie ist ein Charakteristikum totalitären Denkens. Kritik, die ihr Konzessionen macht, ist durch keinen Hinweis auf taktische Überlegung zu rechtfertigen; sie ist hinfällig.«

Der hedonistische Aktivist

Schlecht ist es um den Zustand der Welt bestellt, gerade in klimatischer Hinsicht. Die Verzweiflung junger »Fridays for Future«-, »Ende Gelände«- oder »Letzte Generation«-Aktivist*innen spricht aus jeder ihrer Reden. Da wäre es nur allzu verständlich, in eine Art von Aktivismus zu verfallen, die Karl Raimund Popper in »Die offene Gesellschaft und ihre Feinde« so beschreibt: »Ein Element blanker Verzweiflung steckt unverkennbar in dem ›grimmigen‹ Aktivismus, der denen bleibt, die die Zukunft voraussehen und die sich als Werkzeuge ihrer Ankunft fühlen.«

Aber es geht auch anders. Tadzio Müller ist seit über zwanzig Jahren Aktivist, er war schon in Seattle 1999 dabei, bei den Antiglobalisierungsprotesten, den *riots* gegen die Welthandelsorganisation, und er weiß nur zu gut, dass Aktivistinnen und Aktivisten oft als ernst und verbiestert wahrgenommen werden. Da Müller der »Geschichtenerzähler und Stratege« sowie spiritus rector von »Ende Gelände« ist, will er der Geschichte des Aktivismus einen neuen Spin geben. Diesen Imagewechsel verkörpert er selbst, wenn er sagt: »Wir Aktivisten sind nicht die besseren Menschen. Ich will kein *morally superior activist* sein. Du musst dein Alltagsleben nicht zuerst ändern, um Aktivist zu sein.« Müller ist jemand, der das lustvolle, dionysische Moment jeder Form von sozialer Bewegung hervorhebt, der begeistert die »Ermächtigungserfahrung« schildert, am 20. September 2019 am Brandenburger Tor vor 270.000 Menschen zu sprechen bei der Demo »Alle fürs Klima«. 2017 bereits gab er als Motto aus: »Die Linke muss geil sein.« Er ist ein Freund der Ekstase – »ich bin ja auch Mystiker«. Er redet über Sex in der Schwulensauna und Queerness mindestens genauso gern wie über Klimaschutz. »Im Lebensrausch, trotz alledem«, dieser Titel einer Biografie Rosa Luxemburgs hat Tadzio Müller, der bis 2021 Referent für Klimagerechtigkeit und internationale Politik in der Rosa-Luxemburg-Stiftung war, immer sehr eingeleuchtet. Die Rolle des Aktivisten kann man sehr unterschiedlich auslegen – er sucht als erklärter Linksradikaler und »Hedocommie« den Aktivismus, der nicht nur kickt, sondern das Leben feiert. Darf man ihn einen hedonistischen Aktivisten nennen? »Aber ja. Völlig richtig.«

Eine Leichenbittermiene aufzusetzen, hält er für grundfalsch, so anstrengend der Kampf gegen Ignoranz und Verdrängung auch ist. »Ich bin Diskursschachspieler«, sagt er, und ein Klima-Diskurs, der dazu führt, dass sich Kohlearbeiter oder die Mehrheitsgesellschaft »geshamed« fühlen, mündet seiner Meinung nach in der Sackgasse. »Wir verhalten uns strategisch gesprochen ziemlich idiotisch, wenn wir uns grundsätzlich über ›die anderen‹ stellen. Diese *exclusionary arrogance* führt nicht zum Ziel.« Müllers Eltern – er stammt aus behütetem Hause, ist in einer Frankfurter Stadtvilla groß geworden – haben ihn nach der homoerotischen Fantasiefigur Tadzio aus Thomas Manns Novelle »Tod in Venedig« benannt. Seine Mutter ist so wie Thomas Manns Mutter Brasilianerin. Sein

Vater kein Senator, aber Anwalt in einer großen Kanzlei. Im Gegensatz zum bisexuellen Thomas Mann lebt Müller seine Homosexualität so offen wie es nur geht. Früher in Schwulenbars hielten manche »Tadzio« für seinen »stage name«. Dass Thomas Mann ein vehementer Gegner des Aktivismus war – »Wirke Künstler, handle nicht«, schrieb er in seine Tagebücher – quittiert Müller mit einem Schulterzucken. So what. Dessen Literatur fand er eh immer »boring«. Er kommt aus jenem Bürgertum, dessen Verfall Mann in seinen Romanen beschreibt. Die Buddenbrooks, die hatte er jeden Tag zu Hause.

Langweilig erscheint Tadzio Müller auch der ihm nur zu vertraute Aktivismus alter Bauart, in dem sich die Linke aufreibt und verkämpft: »Ineffizienten Aktivismus verabscheue ich, weil er im Grunde eine Art moralische Masturbation ist.« Für ihn sind soziale Bewegungen – um einmal wegzukommen von automobilitätsfixierten Metaphern wie »Motor« – der entscheidende Transformationsriemen der Gesellschaft: Sie bringen das Neue in die Welt. Müller holt Salman Rushdies »Satanische Verse« hervor, um daraus zu zitieren: »Wie kommt das Neue in die Welt? Wie wird es geboren? Aus welchen Verschmelzungen, Verwandlungen, Verbindungen besteht es? Wie überlebt es, extrem und gefährlich, wie es ist? Welche Kompromisse muss es eingehen, welche Abmachungen treffen, welchen Verrat an seiner verborgenen Natur üben, um die Abbruchkugel abzuwehren, den Würgeengel, die Guillotine? Ist Geburt immer ein Fall? Haben Engel Flügel? Können Menschen fliegen?« Warum, fragt Müller seine »Genossinnen und Genossen«, zielen wir nicht viel stärker auf die Mitte der Gesellschaft ab, deren Feuermelder wir ja eh schon spielen? Sie gilt es doch wachzurütteln. Sie muss man als Verbündete gewinnen. Denn ohne sie wird es nicht gehen. Auf Twitter hat er es so formuliert: »1. Ohne ›Aktivismus‹ (soziale oder Protest-Bewegung) gäbe es keinen Fortschritt. 2. Die meisten finden Aktivisti nervig. 3. D. h., Bewegungen sind Feuermelder. Niemand mag den Alarm, wenn er bimmelt, aber alle wissen, dass wir ihn brauchen. 4. Was, wenn die Feuerwehr nie kommt?«

Im Gespräch stellt er die Frage noch direkter: »Liebe Gesellschaft, sag du mir, was du tun willst, jetzt, wo alles brennt? Wie löschst du das Feuer?« Alarm schlagen, das kann Müller. Wie gut er die Klaviatur der Medien beherrscht, wie gut er auch deren Reflexe kennt, zeigte sich, als er 2021 dem »Spiegel« sagte: »Wer Klimaschutz verhindert, schafft die grüne RAF.« Eine bewusste Provokation, sofort stand jedem die traumatische Erinnerung an die Rote-Armee-Fraktion vor Augen, die der Germanist Klaus Vondung 1988 in seinem Buch »Die Apokalypse in Deutschland« als »die aktivistische Bewegung« charakterisiert hat, »die der Bundesrepublik die schwerste Krise seit ihrem Bestehen bereitete«. Eine kleine Gruppe von Terroristen, die ein ganzes Land in Geiselhaft nimmt und die dessen politische und wirtschaftliche Repräsentanten ermordet. Die auf Müllers Satz von der »grünen RAF« folgende Kontroverse war vorprogrammiert. »Kontroverse schafft Reichweite. Mir ging es nicht darum, zur Gewalt aufzurufen. Ich wollte der deutschen Mehrheitsgesellschaft klarmachen, an welchem Punkt wir stehen«, erläutert Müller. Sein Satz beschreibt die Möglichkeit einer Eskalation, die er für durchaus gegeben hält, wenn sich die Gesellschaft weiterhin größerer Veränderung verweigere. Ein kleiner Teil der aktivistischen Szene könnte in den Untergrund gehen, glaubt er, »klandestine Aktionen«

könnten dort vorbereitet werden. Er malt dieses Schreckensbild als Warnung an die Wand, und fügt sogleich an, dass für ihn ein Leben im Verborgenen nichts wäre: »Im Untergrund kann man kein gutes Hedo-Leben führen. Ich bin ja auch Exhibitionist.« Terrorist ist Mist. Es gibt viele gute Gründe, ein Hedonist zu sein.

Die friedliche Sabotage als Mittel der Notwehr in der Klimakrise sieht er hingegen als legitimes Mittel an, auch wenn das naturgemäß Abwehrreaktionen in der Gesellschaft hervorruft. Womöglich geht sein Denken in Richtung jener »Joyful Militancy«, die 2017 einem Buch der amerikanischen Aktivisten Nick Montgomery und carla bergman den Titel gegeben hat? »Ja. Fest steht aber auch: Je härter der Kampf, desto weniger *joyful* wird's.« Tadzio Müller will auf keinen Fall, dass es so endet, wie in diesem politischen Kampflied der 1920er-Jahre, »Wir sind des Geyers schwarzer Haufen«, besungen: »Geschlagen ziehen wir nach Haus, heia hoho, / uns're Enkel fechten's besser aus, heia hoho.« Dieses Lied haben vor rund hundert Jahren linke Revolutionäre genauso wie Nationalsozialisten angestimmt. Apropos: Was hält Tadzio Müller eigentlich von Kurt Hiller, der ja nicht nur Ur-Aktivist und Pazifist, sondern auch ein Pionier der Schwulenbewegung war? »Ich kenne den Namen gar nicht«, antwortet er frank und frei, will aber sofort mehr erfahren von ihm und seinem Aktivismus. »Soziale Bewegungen sind sehr schlecht darin, Geschichte weiterzugeben, das ist ein Problem.« Das stimmt. Aber es stört in seinem Falle auch gar nicht groß, dass ihm Kurt Hiller bis dato unbekannt war. Man kann sich eh nicht vorstellen, dass Tadzio Müller in jene von Kurt Hiller dereinst so bezeichnete spezielle Schwermut – den »aktivistischen Depressionismus« – verfallen könnte.

Allzeit sprungbereit?
Die Zukunft des Aktivismus

Um zum Ende hin noch einmal die alte Frage aufzugreifen: »Woraus entsprang der Aktivismus?« 1920 antwortete Robert Müller auf diese selbstgestellte Frage: »Aus der Not der Geistigen an der Zeit. Sie fühlen sich so schlecht regiert wie nie. Da suchen sie selbst sich des Apparates zu bemächtigen.« Sehr zeitgemäße Sätze. Nichts anderes ist in jüngster Vergangenheit geschehen. Viele junge grüne Aktivistinnen und Aktivisten sind in den Bundestag eingezogen, mehr als je zuvor. Eine langjährige führende Aktivistin der Umweltschutzorganisation Greenpeace ist im Auswärtigen Amt zur Staatssekretärin ernannt worden. Man hat sich des Apparats bemächtigt.

Offen bleibt, wie die gewählten und bestallten Personen mit ihrer Doppelrolle klarkommen und wie sie sie auslegen werden. Man kann als Politiker der Regierungsfraktion schwerlich gleichzeitig Teil der außerparlamentarischen Opposition sein. Und doch sagt Jennifer Morgan, die die Grünen-Mitgründerin Petra Kelly und ihr Buch »Für den Frieden kämpfen« als ihre aktivistische Inspiration nennt und nun Staatssekretärin im Auswärtigen Amt ist: »Ich bleibe im Herzen Aktivistin. Denn Aktivistin ist man nicht nur, wenn man für Greenpeace arbeitet. Ich finde, gerade in Deutschland gibt es eine etwas beschränkte Definition davon, was ein Aktivist ist. Ein Aktivist ist jemand, der aktiv ist und aus der Welt eine bessere Welt machen will.« In der Fiktion ist es ein Leichtes, politisches Amt und Aktivismus in Einklang zu bringen: Kristiina, eine Menschenrechtsaktivistin und Abgeordnete des finnischen Parlaments, ist eine Figur in Antje Rávik Strubels Roman »Blaue Frau«. Über sie heißt es: »Sie war die Frau, die ins Signalhorn stieß, wenn die Erde brannte.« An feurigen Worten, flammenden Appellen hat es dem Aktivismus noch nie gemangelt. Nichts weniger als »die nötige Neuverfassung der Welt« haben sich die »Ende Gelände«-Aktivisten zur Aufgabe gemacht, sie wollen »eine ganz andere Welt erstreiten«, liest man in ihrer Flugschrift »We shut shit down«. Ganz so anders freilich soll sie nun auch nicht aussehen, schließlich will man auch etwas von der alten Welt bewahren, Wälder und Dörfer z. B. Hambi bleibt, erschallt es im Hambacher Forst. Lützi bleibt, wird rund um den vom Braunkohletagebau bedrohten Weiler Lützerath gerufen. Was auch bleibt, ist die Greta-Frage schlechthin: Wie hältst du's mit dem Staat? Die Köpfe der »Ende Gelände«-Bewegung wollen weiter »jenseits von bürgerlichem Staat, parlamentarischer Demokratie und kapitalistischer Logik« agieren: »Dabei muss sichergestellt werden, dass das Standbein der Bewegung klar außerhalb der Parlamente bleibt und wir lediglich mit unserem Spielbein in die festgefahrenen Strukturen treten.« Allein, die Strategien sind äußerst vage.

Auf dem Zenit ihrer Popularität ist die Aktivistische Internationale tief zerstritten über der Frage, wie weiter verfahren werden soll. An dem Punkt, an dem »der Sprung über die Nachrichtenschwelle« (Ende Gelände) geschafft ist und man es auf Twitter *und* in die Tagesschau gebracht hat, existieren ganz verschiedene Vorstellungen davon, wie ein sinnvolles »mutatives Handeln« (Kurt Hiller) aussehen könnte. Verprellt man nicht doch eher diejenigen, die man für seine aktivistischen Ziele gewinnen will, mit Störaktionen wie Sitzblockaden auf Straßen? Diese Ansicht vertritt der Kulturphilosoph Charles Eisenstein, 1967 geboren und einer der Theoretiker der Occupy-Bewegung. In seinem Essay »Wut, Mut, Liebe! Politischer Aktivismus und echte Rebellion« (2020) warnt er vor allzu großer Selbstgerechtigkeit, schüre sie doch das Misstrauen der Öffentlichkeit: »Wenn wir uns wegen unseres CO_2-reduzierten Lebensstils für moralisch besser halten und einander gegenseitig auf die Schulter klopfen, unterstellen wir allen anderen automatisch, dass sie ignorant, weniger rechtschaffen oder auf dem falschen Weg sind. Je mehr wir uns mit dem Parfüm der Marke ›Ich lebe korrekt‹ besprenkeln, desto mehr stinken wir nach Scheinheiligkeit.« Eisenstein beklagt den unverhohlen zur Schau getragenen Superioritätsgestus und geht so weit, von »Kriegsdenken« zu sprechen. Deshalb appelliert der Aktivist der vorherigen Generation an die heutige: »Die Aufspaltung in feindliche Lager, das Absprechen von Menschlichkeit der gegnerischen Seite, die Selbstzuschreibung moralischer Überlegenheit, der Glaube, dass die Lösung unserer Probleme durch Sieg zustande kommt – all das sind Kennzeichen der Kriegsmentalität [...] Wenn ihr glaubt, die Menschen auf der anderen Seite stünden moralisch, ethisch, in Sachen Bewusstsein oder spirituell auf einer niedrigeren Stufe als ihr, dann steht ihr schon an der Schwelle zum Krieg.« So sehr dies einleuchtet, so sehr driftet er in seiner Skepsis gegenüber der Wissenschaft – »Was, wenn sie genauso verdorben ist wie unsere anderen Institutionen?« – ins Irrationale ab und endet im Regal für esoterische Lebensratgeber: »Nichts weniger als eine totale Revolution voll Liebe, ein großer Wandel, wird deshalb genügen.« Überraschen kann seine Rede von der Notwendigkeit der »Erdheilung« – »Die Menschheit ist auch ein Organ Gaias, und die Erde wird niemals heil sein, wenn es die Gesellschaft nicht ist« – nur die, die ihm 2011 bei Occupy nicht zugehört haben, wo er sich bereits exakt desselben heilirdenen Vokabulars bediente. Kurt Hiller – selbst wahrlich nicht frei von Anflügen in paradiesische Anderswelten – pflegte solche Leute als »Theoreten« zu verspotten.

Die Wut ist allgegenwärtig. Die Kapitänin Pia Klemp, die im Mittelmeer mit der »Iuventa« in Seenot geratene Flüchtlinge rettet, so wie Rupert Neudeck das vor über 40 Jahren im Chinesischen Meer mit der »Cap Anamur« machte, veröffentlichte im Frühjahr 2022 eine »Wutschrift«. Zwar will sie »Wände einreißen statt sie hochzugehen«, doch heißt sie die Wut als wichtigen Impulsgeber willkommen: »Wut ist ein dringend benötigter Ausbruch – eine Offensive.« Das sehen ihre aktivistischen Gegner aus dem extrem rechten Lager nicht groß anders, die den »Volkszorn« zu instrumentalisieren trachten. Sollte die Maxime wirklich lauten: Weck den Wutbürger in dir? Ernst Bloch hatte im »Geist der Utopie« im revolutionären Überschwang davon geträumt, der »an sich bösen« Macht »machtgemäß entgegenzutreten, als kategorischer Imperativ mit dem Revolver in der Hand, wo sie nicht anders vernichtet werden kann«. Zum »Liebestanz der Ismen« (Hiller) gehört auch der Hang zur Gewalt mit der Waffe, der den Aktivismus in Rowdyismus und Terrorismus umschlagen lässt.

Verwundern wird einen die kühne Behauptung Klaus Theweleits, Fridays for Future habe so wie andere »Organisationen der ›Jungen‹« »Anlauf auf die Auflösung des binären Denkens« genommen. Ist nicht eher eine Wiederkehr des alten Freund-Feind-Denkens zu beobachten? Und was ist mit dem guten, alten »Aktionskonsens«? Gerade Bewegungen wie FFF und »Ende Gelände« drohen durch Stempel wie »Klima-Alman« (für weiße Klimaaktivisten) die interne Segregation voranzutreiben – von nach Geschlechtsorientierung sich formierenden »queeren Fingern« bei Protestaktionen und haarspalterischen Diskussionen über die kulturelle Aneignung von Dreadlocks ganz zu schweigen. Dahinter steht natürlich allerbester Wille: Homo- und Transphobie zu bekämpfen und sich gleichermaßen für die Rechte von Frauen, Minderheiten, unterdrückten Völkern und Tieren einzusetzen. Aber exakt unter dieser Überlast an Themen ächzt die ursprüngliche »Single-Issue-Bewegung« der Klima-Aktivisten, diagnostiziert der langjährige Aktivist Sven Hillenkamp. Im allgemeinen Weltverbesserungsfuror droht das primäre Anliegen aus dem Blick zu geraten. Darüber hinaus findet Hillenkamp, die Klima-Bewegung isoliere sich zunehmend selbst in ihrer Rolle als Volkspädagogin. Einen Gefallen habe sie sich damit nicht getan, dass sie »von der Anwältin zur Erzieherin« wurde.

Man darf diese inneren Verwerfungen nicht unterschätzen. Der Aktivismus verfolgt seit Langem schon das Modell einer »präfigurativen Politik«. Man will selbst vorleben, wofür man kämpft: ein solidarisches Gruppenhandeln zum Beispiel. Zuletzt war in dieser Hinsicht wenig Vorbildhaftes zu sehen und zu vernehmen – zur Freude der auf Konflikt gepolten, alles andere als sozialen Medien, die Streitigkeiten aus dem Innern in eine größere Öffentlichkeit trugen. Man kann es sich heute fast nicht mehr vorstellen, aber es gab eine Zeit vor den sozialen Netzwerken, in denen andere, aber nicht minder »moralinsaure Inspektoren des Schrifttums« (Kurt Hiller 1954) den Ton angaben. Deren Wiedergänger lassen Twitter zum Moralritterturnier verkommen. Diese aktivistisch motivierte Moralität gefährdet die Liberalität. Von einem liberalen Aktivismus – einem, der sich nicht für allein selig machend hält – ist heute weit und breit keine Spur. Gewiss, es gibt noch hier und da den Aktivismus, der die Welt verbessern will, indem er sich nicht sofort auf das große Ganze stürzt, sondern im Kleinen handelt: Gesundheitsaktivisten wie die Asthma-Aktivisten etwa.

Die amerikanische Aktivistin Rebecca Solnit hat bereits 2004 in ihrem Buch »Hoffnung in der Dunkelheit. Unendliche Geschichten, wilde Möglichkeiten« darauf hingewiesen: »Es gibt einen Aktivismus, dem es mehr um die Stärkung der eigenen Identität als um Ergebnisse geht, was zuweilen den Anschein erweckt, als sei die Linke die wahre Erbin des Puritanismus. Und zwar in dem Sinne, dass ihr Sinn und Zweck nicht das Erzielen bestimmter Ergebnisse, sondern die Darstellung der eigenen Tugend ist.« Auch dies ist eine Lehre der Geschichte aus der gut einhundertjährigen Geschichte des prädominanten linken Aktivismus: Schlagkraft entwickelt er in dem Moment, in dem er sich nicht mehr mit sich selbst beschäftigt, sich identitären Oppositionen verweigert und willens ist, neue Koalitionen zu bilden, um Menschen zu binden. Die Ziele, die er ausgibt, sollten viele Menschen teilen können und nicht auf Exklusion fußen. Rebecca Solnit fasst es so: »Wir brauchen eine breite Basis, wir brauchen einen Stil, der weit mehr Menschen anspricht als nur diejenigen, die die Linke in letzter Zeit zu erreichen und in deren Namen sie zu sprechen vermochte.« Verweigert sich der Aktivismus dem, ist ihm ein Schicksal als Handlungsreisender in eigener Sache beschieden, dem keiner mehr etwas abkauft.

Paul Klees Zeichnung »Angelus novus« hat Walter Benjamin bekanntlich äußerst geschichtspessimistisch interpretiert. Einen Fortschritt konnte er im Fortgang der Geschichte nicht erkennen. Benjamins »Engel der Geschichte« hat die Optimistin Rebecca Solnit einen »Engel der alternativen Geschichte« gegenübergestellt: »Benjamins Engel erzählt uns, Geschichte sei das, was passiert, doch der Engel der alternativen Geschichte sagt, dass unsere Handlungen erzählen, dass wir immer Geschichte machen, mit dem, was nicht passiert genauso wie mit dem, was passiert [...] Der Engel der Geschichte sagt: ›Furchtbar‹, doch dieser Engel sagt: ›Könnte schlimmer sein‹. Beide Engel haben Recht, doch letzterer gibt uns einen Grund zum Handeln [...] Der Engel der alternativen Geschichte verlangt von uns, an das Unsichtbare zu glauben.« Das sind hehre Worte, doch ob Walter Benjamin diesem »Engel der alternativen Geschichte« trauen würde, darf bezweifelt werden. Er sah den Aktivismus seiner Zeit auf dem »Holzweg«. So schrieb er es am 19. Juni 1932 in der Frankfurter Zeitung. Benjamin rezensierte Kurt Hillers Essaybuch »Der Sprung ins Helle«. Er konzedierte, zwar setze sich Hiller »publizistisch für eine Reihe von höchst erstrebenswerten Dingen ein: für die Verhütung kommender Kriege, für ein neues Sexualstrafrecht, für die Abschaffung der Todesstrafe, für die Bildung einer linken Einheitsfront«. Doch behagte Benjamin Hillers Hochmut gegenüber der politischen Klasse und dem parlamentarischen System gar nicht, der »Anspruch der Geistigen auf die Herrschaft«, der Traum von der Alleinherrschaft eines Geistesadels (»Logokratie«). Tatsächlich hatte Hiller ja programmatisch verkündet: »Der Aktivismus will keine Kratie des Demos, also der Massen und Mittelmäßigkeit, sondern eine Kratie des Geistes, also der Besten.« Ein »Parlament der Geistigen« mit lauter Aktivisten hielt Benjamin für alles andere als eine gute Idee: »Heute kann sie noch liebenswürdig, morgen schon schädlich sein.« Benjamins Artikel trug die Überschrift »Der Irrtum des Aktivismus«. Er ist auch eine Warnung an die Heutigen, die so diffus wie offen doktrinär den »Systemwechsel« – »System change not climate change« – fordern, ohne zu sagen, welches politische System genau sie anstreben.

Wie auch immer die Geschichte des Aktivismus weitergeht – ein Satz aus seinen Anfangstagen dürfte bis heute gelten. Er mag auch diesem Versuch, seine Geschichte zu erzählen, entgegengehalten werden: »Das Buch der Zeit ist aus verteufelt hartem Material gearbeitet«, meinte Carl von Ossietzky 1918 in »Ein Wort über Aktivismus«: »Man schreibt sich entweder mit dem Meißel ein oder gar nicht; der Gänsestiel des gelehrten Skribenten zerbricht daran beim ersten Buchstaben.«